王维贤先生

王维贤先生在杭州大学（现浙江大学西溪校区）校门前留影

王维贤先生在书房

丰宁馨先生

王维贤先生与丰宁馨先生

2000 年 5 月 4 日，王维贤先生与丰宁馨先生在"庆祝王维贤、倪宝元先生教学科研五十周年纪念会"上

王维贤先生和丰宁馨先生

1993 年 10 月 20 日，参加庆祝吕叔湘先生九十华诞学术讨论会的王维贤先生

1993 年 10 月 22 日，王维贤先生在北京语学院举行的中国语言学第七届年会上作题为《语言的三个平面与句法的三个平面》的主题发言

王维贤先生讲授生成语法

王维贤先生作学术报告

王维贤先生（右）与傅国通先生

王维贤先生（右）、倪宝元先生在浙江大学（原杭州大学）校园

王维贤先生与杭州大学（现浙江大学）现代汉语教研室部分老师，从左至右：倪宝元、王维贤、卢曼云、刘云泉

2007 年 11 月，王维贤先生（左五）与浙江大学语言学科部分教师在一起

1989 年 11 月，王维贤先生（左二）与来杭州参加中国语言学会年会的语言学界的学者在一起

王维贤先生与 78 级研究生合影，左一为邵敬敏，右一为任芝锳。

1991 年 11 月，在厦门参加学术会议的王维贤先生（右）与张斌先生

1993 年 10 月，在北京语言学院参加学术会议的王维贤先生与语法学者们，右二为王维贤先生，右一为邵敬敏教授

2005 年 6 月 3 日，王维贤先生（左四）参加学术会议时与陆俭明先生（左三）等合影

1994 年，王维贤先生（左二）接待美国著名语言学家詹姆斯·麦考莱（左三），左一为黄华新教授，右一为吴洁敏教授，右二为万昌盛教授

王维贤先生与逻辑学界的著名学者合影，从左到右：陈宗明先生、李先焜先生、周礼全先生、王维贤先生

1993 年 12 月 18 日，王维贤先生与逻辑学者在中国逻辑与语言函授大学门前合影

王维贤先生与逻辑学界的学者在一起

2005 年 10 月 18 日，参加"新世纪汉语研究暨浙江语言学研究回顾与前瞻研讨会"的王维贤先生和胡明扬先生

王维贤先生（左三）、倪宝元先生（左四）、傅国通先生（左二）与 79 级研究生

王维贤先生与84级部分研究生在一起

王维贤先生与84级研究生合影

王维贤先生在书房接待研究生

王维贤先生参加 88 级硕士
学位论文答辩后与研究生
合影

1990 年 12 月 1 日，王维贤
先生（左五）、倪宝元先生
（左四）与参加庆祝王维贤
先生七十华诞的研究生们
合影

2000 年 5 月 4 日，王维贤
先生（左三）、倪宝元先生
（左二）与参加"庆祝王维
贤先生、倪宝元先生教学科
研 50 周年纪念"的研究生
合影

2005 年 6 月在浙江金华，王维贤先生跟大弟子邵敬敏及其华东师大、暨南大学的博士生们

2007 年 11 月，王维贤先生（左七）与参加"王维贤先生八十五华诞庆典"的研究生及杭州大学现代汉语教研室部分老师合影

2007 年 11 月，"语言与认知学术研讨会暨王维贤先生八十五华诞庆典"的合影

语言与逻辑互动的开拓者

——王维贤先生百年诞辰纪念文集

彭利贞　主编

ZHEJIANG UNIVERSITY PRESS
浙江大学出版社
·杭州·

图书在版编目（CIP）数据

语言与逻辑互动的开拓者：王维贤先生百年诞辰纪念文集 / 彭利贞主编. -- 杭州：浙江大学出版社，2025. 3. -- ISBN 978-7-308-25883-8

Ⅰ. H0-05

中国国家版本馆 CIP 数据核字第 2025K73H34 号

语言与逻辑互动的开拓者
——王维贤先生百年诞辰纪念文集

彭利贞　主编

责任编辑	李瑞雪	
责任校对	吴心怡	
封面设计	周　灵	
出版发行	浙江大学出版社	
	（杭州市天目山路 148 号　邮政编码 310007）	
	（网址：http://www.zjupress.com）	
排　　版	浙江大千时代文化传媒有限公司	
印　　刷	杭州高腾印务有限公司	
开　　本	710mm×1000mm　1/16	
印　　张	14.5	
插　　页	6	
字　　数	236 千	
版 印 次	2025 年 3 月第 1 版　2025 年 3 月第 1 次印刷	
书　　号	ISBN 978-7-308-25883-8	
定　　价	128.00 元	

序言:我们的导师,学界的榜样

邵敬敏　袁毓林

王维贤先生,是我们的恩师,也是我国语言学界和逻辑学界公认的名家、大家。他的为人以及他在育人、治学方面的成就,均为学界津津乐道,广为传颂。在他一百周年诞辰之际,我们作为他的传人、他的学生,充满着对先生的敬意、爱意和深深的缅怀之情。

先生多次荣获杭州大学、浙江大学优秀共产党员的光荣称号。他这一辈子,两袖清风,严于律己,乐于助人,尽显高风亮节。得到过他无私帮助的学生、老师、朋友不计其数,他就像温暖的阳光、湿润的春雨、清凉的夏风,在需要的时候悄悄地出现在你的身旁。

先生不愧为浙江大学的"大先生"。"大"者,既指品德高尚,也指学问高深。先生在汉语语法与逻辑的有机结合、融会互动上有开创之功。他在"语言与言语""复句新解""三个平面""逻辑语义"等研究中,新意迭出,有理论深度。先生熟知海外最新的语言学理论,而且容纳百川,坚持多元,对描写语法、功能语法、认知语法乃至生成语法都持开放态度。更为可贵的是,他并不是盲目引进,而是密切结合汉语事实进行改造,在语法研究多方面做出了可贵的探索。

先生为人师表,芳香千里。1978年以来,先生指导过许许多多研究生,在我们成长的过程中无私地言传身教。他曾经在全国研究生培养会议上,由于带出众多优秀学生而获得与会者一致赞誉。桃李不言,下自成蹊。

先生还是个杰出的社会活动家,他不仅多年担任浙江省语言学会会长,举办各类学术研讨会,为语言学队伍建设做出无可替代的贡献,还对中国逻辑学会的发展以及逻辑学跟语法学的结合倾注了大量心血。

我们今天在这里纪念他,就是要继承他老人家的遗志,继续追逐我们的"汉语梦",那就是:汉语要走向世界,汉语研究要登上国际舞台,汉语应用要服务于全人类。我们坚信:我们的目标一定能够达到,我们的目标一定能够实现!

目　录

纪念王维贤先生诞辰 100 周年 ………………………………… 陈宗明(1)

点点滴滴忆恩师　淅淅沥沥沐甘霖 …………………………… 邵敬敏(3)

开展学术谱系研究　促进学科发展 …………………………… 齐沪扬(11)

感念恩师王维贤先生 …………………………………………… 张宗正(14)

回忆王维贤先生教导我们怎样取法乎上 ……………………… 袁毓林(20)

我心中的"大先生" …………………………………………… 黄华新(23)

先生是我人生的引领者 ………………………………………… 任芝锳(27)

且看桃李舞春风 ………………………………………………… 王建华(30)

怀念敬爱的王维贤先生 ………………………………………… 徐颂列(36)

我的指路明灯王维贤先生 ……………………………………… 周晓康(38)

历历在目　师恩难忘 …………………………………………… 池昌海(44)

怀念王维贤先生:致那份谦逊、微笑与宽厚 ………………… 金　立(49)

永恒的感念 ……………………………………………………… 方林刚(53)

纪念爷爷 ………………………………………………………… 丰　睿(55)

王维贤先生在语言逻辑领域的建树 …………………………… 邹崇理(58)

王维贤先生对中国逻辑学的贡献 ……………………………… 杜国平(60)

王维贤先生语法思想的逻辑结构 ……………………………… 赵春利(63)

从集合论看衍推和预设 ………………………………………… 陈振宇(76)

与"也"字两种用法相关的两种语用逻辑 …………………… 周　韧(87)

过程视域中的汉语时体范畴 …………………………………… 税昌锡(104)

濒临消失的杭州闽语的前世今生 ……………………………… 徐　越(117)

汉语话语视角标记研究的回顾与前瞻 …………………………… 周 娟(124)

新形势背景下国际中文教师的核心素养及其测评新构想 …… 熊 雯 马宏程(133)

王维贤先生对语言逻辑研究的贡献 …………………………… 贾改琴(142)

对预设可取消性的质疑 ………………………………………… 李新良(149)

多义情态动词"能"的历时演变 ……………………………… 贾成南(160)

"没＋M＋VP"的现实性否定与反事实表达 ………………… 修俊俊(168)

词尾"了"是"时体混合"标记吗？ ………………………… 许 钏(178)

王维贤先生的语言学探索和实践 …………………………… 彭利贞(186)

附　录 ………………………………………………………… (199)

　　王维贤先生传略 ………………………………………… (199)

　　王维贤先生著述目录 …………………………………… (203)

　　王维贤先生百年诞辰纪念会纪实 ……………………… (211)

　　王维贤先生百年诞辰纪念会与会代表名单 …………… (220)

后　记 ………………………………………………………… (224)

纪念王维贤先生诞辰 100 周年

浙江省委党校　　陈宗明

我跟王维贤先生相识是在 1979 年北京召开的第一次全国逻辑学会议上。当时我在中国社会科学院哲学所逻辑室从事自然语言逻辑的研究。由于相知，我们一见如故。

早些时候，先生和我，还有湖北大学的李先焜先生，在周礼全、王力诸位先生的影响和引导下，走上了研究逻辑和语言关系的共同道路，并且形成了相当一致的语言逻辑观点。1984 年，根据中国语言与逻辑研究会的研究计划，我们决定合写一本题为《语言逻辑引论》的书，该书后来于 1989 年出版。记得在讨论署名时，王维贤先生坚决不同意让自己排第一，最后还是周礼全先生确定顺序为：王维贤、李先焜、陈宗明。从此逻辑学界有了"三家村""三剑客""铁三角"的一些说法。还有人直接称我们三人为"自然语言逻辑学派"。其实在我们三人中，维贤和先焜先生都比我年长，学术功底远比我深厚。在我们共同的探索途中，我向他们学到了许多。

维贤先生是语言学的名家，我和维贤先生的语言逻辑研究大方向一致，"小取向"有所区别。根据语言学与逻辑学的关系，语言逻辑研究有三个不同的取向，即逻辑语言学、语言逻辑学和语言—逻辑学。逻辑语言学的着眼点是语言学。维贤先生的《论"转折"》可以说是这一方向的代表作。语言逻辑学着眼于逻辑，研究者是一些逻辑学家，比如《蒙太格语法》的研究。语言—逻辑学是把语言和逻辑作为统一整体进行研究。我的语言逻辑研究就属于这一方向。

维贤先生治学严谨，对我的影响是深刻的。记得当年成立语言与逻辑研究会的时候，很多人主张将研究会命名为"语言逻辑研究会"，维贤先生力排众议,主张在"语言"和"逻辑"两个词之间加一个"与"字,因为"语言逻辑"目前还不是一个公认的成熟的学科。由于维贤先生的坚持,最后取得了一致的意见。

我是 1981 年从北京来到杭州的。来杭州以后,我同维贤先生有了更多相聚的机会。我们经常在一起讨论学术问题,讨论教学和写作。我们曾合作撰写专著,比如《语言逻辑引论》。有些书由我主编,维贤先生参与编写,比如《中国语用学思想》;还有一些书则是维贤先生参加课题组所有活动并为之作序,比如《汉语逻辑概论》。此外,我独自撰写书籍时,也曾多次登门向先生求教,比如《汉字符号学》。总之,我的每一项写作,差不多都得到过先生的帮助。

先生过世之后,我经常地怀念先生,怀念先生的道德、学问和音容笑貌。

点点滴滴忆恩师　淅淅沥沥沐甘霖

——为纪念王维贤先生一百周年诞辰而作

暨南大学文学院　邵敬敏

今天我们来到秀丽如画的西子湖畔,隆重纪念著名语言学家王维贤先生诞辰一百周年。我,作为王维贤先生的开门弟子,作为他老人家的衣钵传人,百感交集,深感幸运、激动、自豪。

整整一百年前,王维贤先生诞生在北京郊区,并且长在北京,学在北京。后来一直工作在浙江,在杭州,在钱塘江畔。大运河的滔滔河水把王维贤先生的一生南北串联起来了! 我感到特别幸运的是,我不仅跟随王维贤先生攻读研究生三年,而且跟他老人家还是北京大学的校友。

关于王维贤先生在学术研究(尤其是汉语语法研究)、逻辑研究、研究生教学、语言学科建设等方面的杰出成就,我这里就不细说了。借此机会,我想回顾一下我跟王维贤先生从认识到成为他的学生的点点滴滴往事,从中可以感悟到他人格的伟大和学术的精湛。

1　审阅习作,一言定音

1978 年初春,全国改革开放的形势一片大好,大学已经恢复招生,大学生正在准备入学。我当时还在浙西的浦江县文化馆担任文艺组组长,主持全馆工作(原馆长在打倒"四人帮"之后担任浦江县委宣传部部长去了)。但我已经蠢蠢欲动,希望离开下放工作了八年之久的浦江县,并千方百计联系上了杭州大学中文系,希望能够调到他们那里教学。为此,我还特地提交了我在北京大学上学时写的方言课程作业《上海方言的后缀"头"》(导师是著名方言学家袁家骅先生），后来才得知这一习作正是王维贤先生审阅的，并且表了态，评语是四个字"已经入门"。这一评语促成了杭大中文系决定批准我调进中文系工作，并约我谈话询问有关情况。可以这样说：未入师门，已承师恩。

2　考研求学，一波三折

就在这时，突然从北京传来一个惊人的好消息：国家计划招考研究生了！杭大中文系领导说，你一边搞调动，一边考研究生，这样双管齐下，确保成功。我知道，这实际上也是中文系在考验我的实力。权衡再三，我决定报考杭州大学的现代汉语语法专业的研究生，导师就是王维贤教授。

初试是在县里考的，后来有朋友带口信说，这次初试的成绩，我排名只是第三名，但是现代汉语专业研究生只招两名。尽管如此，我还是获得了复试的资格。当时我面临的形势相当严峻，必须全力以赴，拼掉一个对手才有希望被录取。因此，整个酷暑我都在紧张备考，连午觉都不睡。我可不希望给母校北大丢脸哦！那天中午，楼下有人大声叫我，探头一看，原来是杭大中文系的一位浦江籍老师，叫李遵进，他回家探亲，给我带来了一个喜出望外的好消息，原来那个所谓"排名第三"是中文系全部考生的总排名，而我们专业，我应该是排名第一！当我听到这一消息，立刻惊喜地拉着他说："不看书了，走！咱俩喝酒去！"

盛夏面试时，我第一次见到了王维贤先生，他高高的个子，面容清癯，精神抖擞，给人的感觉是正气凛然，说话却和风细雨、和蔼可亲。尤其是他一口熟悉、标准的京腔，让人感到无比亲切。那天，主持复试的老师是王维贤、倪宝元、傅国通三位，记得面试相当顺利，临结束时，王维贤先生忽然亲切地问道："你最近在做些什么研究啊？"我说，打算摸一摸现代汉语的拟声词。王维贤先生微微一笑说："那好哇，回去后你不要停止，做好了给我看看。"我连声回答："当然！当然！"当我走出考场，心里就想：看来我这次肯定要被录取了。如果不打算录取我，为什么王维贤先生还要催促我去研究呢？这句话背后的潜台词信息量好大啊，不就是旁敲侧击在暗示我：你已经被录取了。

可以这样说，尽管我大学读的是语言专业，但是命运之神却把我分配去了文化部艺术局乃至文化馆从事文艺创作和管理,如果不是王维贤先生录取了我为研究生,我也许就真的搞文艺了,也许会从政,或从商,就不可能踏上我热爱的汉语研究这一条康庄大道。所以,我真正体会到:师恩重如山。先生一个决定,改变了我的人生轨迹。

3　初访恩师,平易近人

当年10月,我准时到杭州大学报到,并在第一时间到王维贤先生家里正式拜师。记得那时他还住在南校门对面的杭大教工宿舍,开门的是一位端庄、清瘦的女老师,我猜,她一定是王维贤先生的夫人,我的师母,丰子恺的侄女儿丰先生。果然是! 丰先生热情接待了我,接着我就看到了从厨房里走出来的王维贤先生,原来他正在煎油条! 油条煎得金黄饱满,哈哈哈! 王维贤先生竟然还能下厨! 我第一次登门拜访,当场就尝到了王维贤先生亲手煎出来的新鲜油条,口福不浅啊! 这次初访谈了些什么已经记不大清了,但是,王维贤先生平易近人、亲自下厨的形象却给我留下了难以磨灭的深刻印象。当然,那根油条可能也是我这一辈子吃过的最美味的油条了。

4　一言开窍,受益无穷

从中学到大学,由于历史的原因,我学的一直是俄语,考研究生理所当然也是考俄语。但是,在复试时,王维贤先生有意无意地问起我的外语情况,我如实回答,不料他忽然提醒说,做语言学研究,不懂英语可能有麻烦。我心中一激灵,怎么办? 难不成30多岁了还改学英语? 心里真的好纠结。从考场出来,我思前想后,反复掂量,终于领悟了王维贤先生非常关键的点拨。一回到上海,我就买了中学英语课本,从认识字母学起,再找来许多英语教材对比着自学。当时我有半个月的休假,几乎全部精力都放在英语自学上。结果,入学后,我断然放弃了俄语学习,而进了大学本科的英语初级班,接着跳到高级班,一年后转到研究生班,并且顺利通过了考试。说实话,我的英语口语真的不行,但是考英语笔试,特别是英译中,那还是我的强项,因为我写作能力和理解能力还可以。后来我晋升教授时需要考英语,居然还考了 80 多分!

王维贤先生平平常常的一句提醒,我听懂了,而且照着做了,事实证明,在从事语法研究时,你必须能够读懂英文原版资料。我到香港工作交流时,三脚猫的英语口语也还是有点用处的。

5　创新研究,精心育人

王维贤先生为人淡淡的,却处处显示出他闪光的品质!我那时几乎每周都要去他家汇报,当然主要是说说自己阅读语言学论著后的体会,还有关于自己研究课题的一些粗浅看法。先生往往话语不多,却很中肯。他不大表达比较极端的言论,常常是启发式地点拨,让你自己去思考,去得出结论。我记得他最喜欢说的是:你的观点,别人也许不同意,那没有关系,只要能够自圆其说,你自己一定要坚持,不要轻易放弃。

他的思路相当开阔,把语法跟逻辑紧密结合起来研究,对语义关系相当重视,在复句研究方面自成一家!他的文章,话不多,但是很到位。记得他那时正在写关于"省略"的论文,他说到"省略"实际上有三种类型:句法上的、语义上的、语用上的。短短数言就打开了我们固有的思路,眼前豁然开朗!原来,可以有不同性质的省略,按我理解,语用交际中才算是真正的省略,语义上呢,可能是隐含,句法上则是空位。这样就把许多原先纠缠在一起的问题分清楚了。

毕业前夕,我正在写一篇论文,是对我的大学老师朱德熙先生的论文提出一些修补意见,题目是《在黑板上写字及其变换句式》,我心里没有底,朱先生是大家、名家,我的看法到底站不站得住脚呢?我就请王维贤先生审阅把关。先生看完了说:很好啊!有自己独到的看法。他的肯定给了我胆气,这样我就大胆投寄给《语言教学与研究》编辑部,结果在陆俭明老师审阅、朱德熙先生首肯下顺利发表了。加上我最早研究的《拟声词初探》,在那家杂志一下子连发两篇论文,这些都离不开王维贤先生的支持和鼓励。

6　十年一剑，师恩如山

《汉语语法学史稿》算是我的成名作了，1991 年由上海教育出版社出版（后来由商务印书馆出版增订本），并获得国家教委首届优秀文科著作奖社科二等奖，还得到吕叔湘先生的表扬。我这部著作的起因、写作过程乃至最终获奖都跟王维贤先生息息相关。可以说，我是在先生一步步的指导和帮助下完成的。

1981 年初，有一次我去王维贤先生家，无意之中，发现案头有厚厚的一本油印著作，题目是《汉语语法学史》，作者是马松亭先生（山东大学）。我喜出望外，就向王维贤先生借来这本书，仔细拜读后，发现该书材料丰富，内容翔实，很有意思。可惜述而不作，更像一本资料集，缺少作者自己的观点和评价。而我呢，由于在北大读的是语言专业，对学界不少学者，以及许多论著的背景或来龙去脉有所了解。我突发奇想，我是不是也可以写一本这样的史书呢？不仅仅因为我比较了解汉语语法学界的南北两派，年龄又恰好处于老中青之间。我把这一想法向王维贤先生汇报了，没想到，他非常欣赏，马上肯定了我这一计划，并且说：你们年轻人，比较敢想敢说，要在历史发展、人物评价、理论建构上多下功夫。初稿出来后，王维贤先生应我的要求审阅了前半部，并提出了宝贵的修改意见。

坦率地说，正是由于王维贤先生的启发和鞭策，这本书才有可能问世；没有王维贤先生和胡裕树先生的支持和力挺，我也不可能多次获奖。先生之恩，山高水长。

7　倾心指导，通情放人

我的硕士论文题目是《把字句及其变换句式》，题目很早就定了，因为触及当时的研究热点，王维贤先生觉得很有新意，我也是信心满满。由于我们是新时期第一届硕士研究生，毕业论文答辩需要找一个研究生做全校的试点，王维贤先生临时把我找去，问我敢不敢第一个答辩。我想，我不能辜负了先生的期望，便一口应承下来。答辩时，大会议室坐满了人，有许多外系的、甚至外校的代表。答辩委员会主席是蒋礼鸿先生,他在答辩会上,提出论文中有两个把字句的变换式不知道是不是能说。因为我们都是南方人,语感上不敢断然下结论。结果没想到,王维贤先生第一个站起来表态:"能说!"他是地地道道的北京人,他认为能说,一锤定音,全场没有任何异议。最后答辩顺利结束,论文获评优秀,并且由论文主审胡裕树先生和王维贤先生联名推荐到《研究生论文集》上发表。我明白,这篇毕业论文能够如此顺利完成并通过,确确实实是受惠于王维贤先生倾注的心血和期望。

本来,王维贤先生早就决定让我留校的,我也可以说是正中下怀。但是人算不如天算,1979 年底我太太工作调动先行回到了上海,这样一来,我就非回上海不可了,我当时联系了华东师范大学,并且得到校方的批准。

当我去找王维贤先生汇报这件事时,真的忐忑不安,深感自己辜负了王维贤先生的栽培,对不起先生的一片好意。我把前因后果如实做了汇报。没想到,王维贤先生竟然毫不为难地满口应承,而且还表示祝贺:你回上海,是一件好事,不但解决了你夫妻长期分居的困境,还能够回到阔别已久的上海去孝顺父母,而且进入著名的华东师范大学,有了一个可以一展身手的更为广阔的天地!! 先生如此通情达理,如此为我设身处地考虑,让我感动万分,知我者,王维贤先生也。最后,经过曲折的努力,我终于如愿以偿,回到了上海,并踏进了华东师大的大门。

我深深地感谢先生,感谢他的悉心理解和博大胸怀。我也感到遗憾和自责,因为没有能够留校尽到开门弟子的责任。

8　学术天地,师徒联袂

王维贤先生长期担任浙江省语言学会会长,我跟随他参加了好几次年会,去过舟山,到了台州,还到过我的故乡宁波,大开眼界,很长见识。后来我主办了全国性的现代汉语语法研讨会,第二届在华东师大,第四届在安徽师大,我都特邀王维贤先生作为嘉宾出席并且发表学术演讲。让我最开心的是 1988年语言研究所举办的语法讨论在北京槐树林举行,王维贤先生率领浙江团队一行十余人出席,独领风骚,蔚为大观。

尤其让人感到兴奋和激动的是,1992年中国语言学会年会在北京语言文化大学举办,开幕式后的大会发言,第一个是我们王维贤先生,第二个是南开大学的马庆株先生,第三个是我。先生和我先后登台演讲,我感到无上光荣!不仅如此,会后,北京大学中文系相关领导还邀请先生和我去讲学。我亦步亦趋跟在先生后面,欣喜地踏进了燕园中文系五院。我深知,这一切都是沾了王维贤先生的光,我们师徒二人,一起回母校北大,同台演讲,成就了一段学界佳话。

1998年,中国语言学会年会在杭州举行,王维贤先生全程操办会议,给学界留下极为深刻的印象,浙江省的语言学同仁在全国性会议上展现了自己杰出的形象。对学科建设、学会建设,王维贤先生做出了自己独特的贡献。

到了2005年,"第三届现代汉语语法国际研讨会"在金华浙江师范大学举办,王维贤先生应张先亮教授和我的邀请也出席了,而且跟我的十几名博士生合影留念,年轻学子终于见到了他们的祖师爷!那天,先生精神疏朗,笑容满面,兴致勃勃,他看到我招收了那么多的博士生,感慨着语言学事业后继有人,看得出来,他是打心眼里为我感到高兴。

9　深深依恋,山高水长

2007年,我们举办了王维贤先生八十五大寿庆典,我的师弟师妹们济济一堂,能来的都来了!与会的还有张斌、胡明扬、陆俭明、范开泰等先生,还有王维贤先生的很多朋友,包括逻辑学界的先生。同学们在会上倾诉了自己对先生感恩的真情实感,意真真,情切切。下午我们还聚集在西子湖畔,交流我们这些年的变化和发展,拍了好多照片留作永恒纪念。

2008年夏,我携太太到杭州。由先生的关门弟子彭利贞陪同,专程去探望先生和师母丰先生,那时他们刚刚从体育场路宿舍搬迁到紫金港校区新居,三房两厅,居住条件大为改观,只是房间里显得空空落落的,王维贤先生也明显见老了,但好在精神状态还不错。我们兴致勃勃,侃侃而谈。我向先生汇报了调到广州暨南大学这几年的工作,说起我接任了广东省中国语言学会会长的事,我开玩笑地说,记得您当年是浙江省语言学会会长,我们还都担任过中国语言学会常务理事,我们师生同命啊! 他禁不住哈哈大笑起来。对我说的事情,他听得津津有味,还不断询问,兴趣盎然。我偶然眼神一瞥,发现门口放着一双棕色的旧皮鞋,好像是那年王维贤先生到华东师大做客时,我孝敬他的。没想到,这么多年过去了,他居然还穿着。我心里猛地一颤。先生好节约呀,好念旧啊! 我想应该马上给他再买一双新的。我立即下楼四处寻找,但是,跑遍了浙大校园里的各家商店,居然找不到卖鞋的。我心里暗自决定,下次来一定要带一双名牌皮鞋给先生,但是没料到,2009 年,先生猝然谢世。我这一念想,便成为永远的遗憾!

10　承前启后,追梦汉语

王维贤先生是 1922 年 11 月出生的,当下正好是 2022 年 11 月。整整 100 年! 在这值得纪念的日子里,作为他老人家的开门大弟子,我代表我和师弟师妹们在此怀念我们的恩师,桃李不言,下自成蹊。高山仰止,景行行止。我们不但要回顾先生平凡而杰出的一生,还要继承老人家的遗志,在中国语言学这块沃土上继续耕耘,为实现汉语走向世界,汉语研究登上国际舞台,汉语应用服务于全人类这一"汉语梦",做出自己的贡献!

2022 年 8 月 7 日立秋　于暨南大学

开展学术谱系研究　促进学科发展

上海师范大学对外汉语学院/杭州师范大学人文学院　齐沪扬

我于 1993 年 6 月从上海师范大学中文系毕业,获得博士学位。毕业前夕,我的导师张斌先生征求过我的意见,说杭州大学刘云泉老师跟他联系过,欢迎我到杭州大学中文系工作。我跟张先生说,我是上海出去的知青,1969 年就到安徽插队了,我的梦想就是在上海的高校工作,这样我的孩子就可以顺利地报进上海户口,就可以在上海接受教育。这是我当时最现实的想法和最迫切的愿望,就这样,我和杭州大学中文系失之交臂。

1993 年我留在上海师范大学工作。多年来我一直受到上海语法大家"林裕文"三位先生的教导:华东师范大学的林祥楣先生是我的硕士生导师,上海师范大学的张斌先生是我的博士生导师,复旦大学的胡裕树先生则是我的硕士学位论文和博士学位论文的答辩主席。"林裕文"和浙江语言学界,特别是现代汉语语法学界关系密切,王维贤先生的名字经常从他们的言谈中听到。王维贤先生经常邀请"林裕文"到浙江讲学,上海的几所高校语法博士的论文,也经常请王维贤先生审阅。

20 世纪 90 年代中期,受"林裕文"委托,我和范开泰老师专程从上海到杭州,看望王维贤先生。我们在王维贤先生家里坐了一个多小时,是王维贤先生招待我们吃了中饭。王维贤先生是语法大家、逻辑大家,但他虚怀若谷,既严谨,又亲切,说起话来不疾不徐,一口京腔在我这个南方人听来十分悦耳。这次跟王维贤先生见面吃饭的时间很短,但王维贤先生的大家风范长久地留在我的心中。后来的一些日子,开会或者在其他场合遇见王维贤先生,王维贤先生总是很随和地跟我打招呼,有时叫我名字,有时称我"齐老师",让我觉得不好意思。

今天我们纪念王维贤先生，首先想到的是，应该如何继承王维贤先生开创的学术事业，我想趁这个机会介绍一下西方学术界，特别是科技学界是如何开展"学术谱系学"的研究的。

学术谱系是由学术传承关系（包括师承关系在内）关联在一起的、不同代际的学术专家所组成的学术群体。在深层意义上，学术谱系是学科学术共同体的重要组成单元，是学术传统的载体。开展当代中国学术专家学术谱系研究，旨在深入探讨各门学科或主要学科分支层面上学术谱系的产生、运作、发展以及在社会中演化的历史过程及一般趋势。学术谱系研究具有重要的学术价值，它突破了以往学术史研究的边界，将短时段的重要事件描述、中时段的谱系运作方式研究与长时段的学术传统探讨乃至学科发展研究结合起来。学术谱系研究具有突出的现实意义，它有助于探讨现行体制下学术人才的成长规律，以及学科的发展规律。

杭州大学或者说现今的浙江大学的语法专业、逻辑专业的发展都是和王维贤先生分不开的。王维贤先生的学术生涯长达几十年，值得我们去做的，就是初步列出并整理王维贤先生所研究的领域内的所有谱系。王维贤先生的学术谱系可以由杭州大学乃至整个浙江的学科史，以及王维贤先生培养的学生的师承关系两部分组成。在学科史方面，可以对王维贤先生所研究的学科，包括语法学科、逻辑学科进行一个概略性的介绍，描述这些学科在我国发展、在浙江发展和在杭州大学（浙江大学）发展的大致情况。在考察王维贤先生培养学生情况的基础上，描述主要学术谱系，绘制出师承世系表：王维贤先生的学生应该很多，不仅包括王维贤先生所带的研究生，也应该包括研究生阶段、本科阶段、专科阶段听过他的课的相关的学生，以及和王维贤先生有合作关系的其他研究人员。再接着是划分代际关系，可以参考年龄因素，把 25 年到 30 年作为代际划分的参考依据。代际关系可以作为学科史、师承关系的依据和参考：梳理学科史有助于了解学科发展的不同时期，同代际学者的分布以及彼此之间的合作关系；而师承关系是划定不同代际的基本依据。

从学术谱系的角度研究王维贤先生，可以将杭州大学（浙江大学）的学术谱系研究与国内其他语法学家的相关学术谱系进行比较。考察内容可包括学术传统差别、人才培养情况差别、总体学术成就差别、外部发展环境差别等。

这样的比较和研究是十分重要的,是有利于学科建设和学科发展的,我想这也是王维贤先生愿意看到的和他所期望的。今天我们在这里纪念王维贤先生,我想应该成为从学术谱系的角度研究王维贤先生的开始。

感念恩师王维贤先生

山东大学威海分校中文系　张宗正

我是 1979 年考入杭大中文系现代汉语专业的,是王维贤先生的第二届研究生,倪宝元先生的第一届研究生。

在考上杭大之前,我是河南省新乡市育才学校的一名教师,那所学校本是一所小学。"文革"期间由于教育资源不足,小学"戴帽"初中,后来又"戴帽"高中("文革"前这所小学的青年骨干教师不少都是三年制大专中文、数学、物理、化学、生物专业毕业的,基于当时的情况,"戴帽"是有一点资格的)。而我,一个高中毕业生,在两次考大学(1964 年和 1965 年)都名落孙山后进入这所学校,当了一名代课教师。我本是胸无大志、安享现状的人,而在这所学校,我却跟着学生一块儿升级,从一个小学教师(一年级音乐、体育,四年级珠算,五、六年级语文)升级成为初中教师(语文、物理、历史、世界地理),又升级成了高中直至毕业班的教师(语文)。至此,我已很满足了,没有什么进取心,也根本不敢去想考研究生的事情。但事情总是有想不到的情况。

1978 年首次招考研究生。有一个高中本和我同届同班的同学竟然说要报考研究生,他还曾因成绩不好留了一级。这给了我报考的动力和勇气。另一个同学,本来和我高中同班,后因病休学一年,低我一届,也因高考落榜,在一所厂办子弟小学当老师。他鼓动我一同报考。两股劲的合力,促使我斗胆报考了上海师院(现上海师范大学)张斌先生的研究生。结果,我参加了复试(同时参加复试的有林玉山、贺奉桥、王起澜、朱昌、陈炯、林立等,其中还有一位复试过程中哭着求同情的上海下放青海的女考生,共九人)。在面试环节中,我虽正确回答了抽签抽到的问题,却抵不住一连串的深入追问,自卑心突然涌动,怯怯唯唯地表示:我没读过大学,本科知识基础不厚实,专业知识更不系统,我还是算了吧。自己打退堂鼓,给这次考研画上句号。

然而,由于竟能参加复试的激励,回去后的一年我依然保持着考研的梦想,只不过因被教育学所吸引,差点改了报考方向,在挚友的劝说和鼓励下才报考了原来的方向。1979 年我第二次报名考研,终于被王维贤先生和倪宝元先生选中,成为杭州大学"文革"后第二批研究生。后来我才渐渐认识到,两位先生收我为徒,确实改变了我的人生境遇,也使我能在学术研究上入门、上道,并有所收获。

记得第一次见到两位先生是在中文系举办的研究生导师与学生见面会上。

我们学生先进入一间会议室,坐在大长桌的一边,在导师没来之前,我充满好奇和期待,想着我们专业的两位导师会是什么样子,会对我们说些什么。当各专业导师一一进入会议室,依次坐在我们学生对面时,我仔细看着各位先生的面容,觉得哪一位都像是我们专业的导师,哪一位都令我崇敬。胡乱猜想之际,会议主持者介绍到了王维贤和倪宝元先生。我看到了王维贤先生,个子较高,身材较瘦,面容严肃,却不失平和;而另一位身材不高,偏胖,面容慈祥,则是倪宝元先生。见面会没有和先生进一步交流的机会,我想,以后跟先生上课学习,会慢慢熟悉起来的。

在后来的学习过程中,我逐渐认识到王维贤先生是一位博学、严谨、勤奋、刻苦,外语水平很高、视野广阔、目标高远,在学界同行同辈中有很高威望的学者。

1　日常授课的回忆

王维贤先生给我们讲的多为语法研究史和语法理论类课程。课程内容知识点密集,逻辑性、系统性强,理解难度大。王维贤先生则总是由浅及深地耐心讲授,并提出很多供思考的问题,给我们打开了探索语言奥秘、研究语法问题的大门。

王维贤先生地道的北京话,我听起来也特别亲切,因为我也是北京人,家里人都说北京话。

　　学习王维贤先生开设的课程，难度是比较大的。特别是讲授乔姆斯基的转换生成语法的课程，对我这个只有高中俄语底子（入学成绩 76 分）而且不懂英语的人来说，困难太大了。当时国内没有乔氏《句法理论的若干问题》的译本，我们用的教材是王维贤先生让当时读本科大三而跟着我们研究生一块儿听课的施建基、黄致伟、郑良根等几位同学按照英文原文打印装订出来的厚厚的一大本书。

　　虽然我们有几位同学都是俄语背景，不懂英语，阅读教材有困难，但王维贤先生在授课中几乎逐句翻译成汉语，并加以条分缕析、深入浅出的详细讲解，这样一学期下来，竟然我也对转换生成语法有了懵懵懂懂的理解，有了点点滴滴的收获。后来，在 1986 年武汉华中师大举办的首届中青年汉语语法学术研讨会上，我提交了论文《复句的生成与切分》。这篇论文就是因王维贤先生所授乔姆斯基转换生成语法课程而脑洞大开才写出的。此外，在我与倪宝元先生合作的《实用汉语语法》中，也有用生成语法理论解释语法现象的尝试。我想，王维贤先生讲授全英文教材，让我这个不懂英语的学生也学到并掌握，甚至能在汉语研究中尝试着运用转换生成语法的基本思想，可见王维贤先生对弟子之一腔热心、诚恳真挚，教学态度之认真负责、耐心尽心，授课能力之强大高超！

　　我后来才知道，王维贤先生是国内最早介绍并研究乔姆斯基生成语法理论的几位学者之一，更是把乔氏理论作为研究生课程内容的第一人。听说当时因国内尚未有《句法理论的若干问题》一书，北大中文系还曾向王维贤先生索要这本油印教材。这是王维贤先生的学术功绩和荣耀。作为国内首批学习乔氏转换生成语法理论的学生，我虽然学得不好，也没有更进一步研究，但还是以作为王维贤先生的弟子而倍感自豪。

2　硕士论文的指导、答辩及后续

　　在进入撰写论文阶段的时候，起初王维贤先生认为我们这一届为两年制，学习时间短，应把精力主要用在多读书、打好专业基础上，为以后的教学和学术研究准备更充分的知识储备，建议我们六人只写毕业论文，不做学位论文，这一点足见先生求实认真的学术态度。

但硕士学位对我们六人确实有太大的诱惑，也关乎我们毕业后的实际地位、待遇和发展，所以在了解了我们的诉求，并考虑了我们几人实际的学习状况后，王维贤先生和倪先生都同意我们也撰写学位论文，可以申请硕士学位。从这一点看，王维贤先生和倪先生都很关爱自己的学生，切实为学生的前途考虑。

关于硕士论文的选题，开始王维贤先生有意让我们共同合作，在先生指导下完成一个大的科研项目：新中国成立前后现代汉语的发展变化（大致是这个内容）。但我们几个人都感到题目太大，范围太广、涉及语言学方方面面的理论太深，没有胆量接下这个课题，没有学识和能力把握这个课题，更没有信心科学地完成这个课题。

王维贤先生得知这种情况后，体会到我们在仅读两年的情况下所面临的困难，同意我们各自选择论文选题。这也是王维贤先生实事求是、关爱学生的体现。

我初步选择的论文范围是短语研究。在一次晚饭后，出中文系所在校区（原省公安干校）北边一小门，穿过杭师院，走到文二街去散步。那一次没跟众师兄弟一块走，独自一人走得很远，抵农田而返，近三个小时。一路独行深思，终于确定了论文题目《比况短语研究》及大致内容、结构等。

第二天跟两位先生谈选题，说了我的初步想法后，倪先生说："不就是在刊物上发表的水平吗？我看可以，你回去写吧，五千字上下就行。"王维贤先生听了后，约略沉吟一两分钟，说："这个作为毕业论文还行，要是当成硕士学位论文，题目还嫌小些、单薄些。不过你先写写看吧。"

我把第一稿写出来，约一万五千字，又拿给两位先生审看。倪先生看了说"好的，写得不错"，没提出什么意见，也没批改一个字。王维贤先生看过后说"看来你考虑问题还是很细致，分析还是很深刻的。这样看，可以作为硕士学位论文了"。王维贤先生在我的初稿的页眉页脚、字行中间密密麻麻地批注了两三百字。

第二稿我写了五万余字，最后定稿为三万余字。

我们这届实行的是王维贤先生和倪先生双导师制。到了答辩阶段，我的论文被分到了王维贤先生名下，由王维贤先生担任指导教授。王维贤先生最初安排参加我的答辩会的校外专家是山东大学的殷焕先教授。知道这个情况后，我很高兴。一是听说王维贤先生跟殷先生私交甚笃，想来殷先生不会太为难王维贤先生的弟子；二是听说殷先生为人十分和善，对待学生都很好，从不为难学生。因此对答辩我还是比较坦然放心的。谁知我的答辩日期快到了，殷先生买不到火车票，不能按时到杭。我找到王维贤先生，请求推后几天答辩。王维贤先生告诉我，日期定了，一场场答辩会都安排很紧，没法拖后了。王维贤先生给我换了出席答辩会的校外教授，说是浙江中医学院的赵贤辉教授。我一听，心中一紧，因为赵先生已参加了师兄潘晓东的答辩会，听说发言语锋犀利，话语时有伤人。我说了我的担心和顾虑，还想坚持等殷先生到来。先生没有答应，但对我说，你的论文写得好，不用担心、顾虑什么，放松心情，好好准备吧。

答辩会由倪先生主持，参加的有王维贤、赵贤辉、童致和、刘云泉四位先生，共五位先生组成答辩委员会。

答辩过程非常顺利，气氛相当轻松，最后成绩为优。赵贤辉先生非但没有一句言辞尖刻的话，还说出"你的论文读着感觉很舒服"这样表扬的话，让我喜出望外。

关于我的学位论文，王维贤先生曾告诉我说，有家出版社要出版一本语言学研究方面的硕士生论文集，他推荐了两篇，一篇是大师兄邵敬敏的《把字句及其变换句式》，一篇是我的《比况短语研究》。然而没过多久，当我还默默沉浸在自满自得中时，王维贤先生告诉我，一个学校只能推荐一篇，我的这篇很遗憾被拿下。听说，也只是听说，王维贤先生还推荐了谢天蔚的硕士学位论文，谢天蔚是上海外国语大学毕业的硕士，王维贤先生是他的答辩委员会主席。

再后来，王维贤先生要我把论文压缩到一万字以内，然后推荐给《浙江学刊·增刊号》上发表出来。王维贤先生对我的关爱栽培，点点滴滴，一直润泽着我的心田、我的情感、我的精神，直到今天，到我老成了这个样子，老成了白发苍然、面有丘壑、年近八旬的老翁，我还一直记得，记得……

3　其他

　　毕业后,我回到河南,经历波折,进入新乡师范学院(现为河南师范大学)工作十年后,于 1992 年 2 月正式调入山东大学威海分校(现为威海校区)任教,直至退休。其间任中文系系主任 9 年。在我任职时,王维贤先生携一家人到威海,我曾在校内招待所宴请先生,但条件所限,招待不周,又因工作忙而未能陪同先生一家游玩,现在回想起来,直怪自己不谙世事,不敬师长,未能尽弟子之劳,因而愧疚之感,永不会淡,不会消,不会散!

　　毕业后每次到杭州公干或私游都必去两位先生家中看望。每次两位先生都关切地询问我的工作、生活、健康等情况。

　　2007 年王维贤先生 85 岁华诞纪念活动中,我很荣幸被大师兄邵敬敏临时点将,作为嘉宾代表在大会上发言。虽然临时找了张纸片草草写了一篇发言稿,但由于发自真心真情,自我感觉内容语句还都算可以,表达出了我和同学们对王维贤先生的崇敬感激之情。

　　能在这样一个纪念活动中发言,是我的荣幸和荣耀。

　　最后一件值得怀念的事是,有一年我去看望王维贤先生,王维贤先生提出要请我吃饭,于是先生和师母让华文开车,一路直到西湖楼外楼,点了杭州名肴龙井虾仁、西湖醋鱼等,那时不兴给美食佳肴拍照,所以还有什么名菜,我也记不清了。总之,这次先生请我,我真感到受宠若惊,诚惶诚恐。这也是我一直永记心间的先生对我的恩情。

　　啰哩啰唆写了这么些,几乎是我对先生全部的最深刻的记忆,内容琐屑而画面如昨,虽自觉真切,但毕竟已 40 多年倏忽而过,所记角度又太个人,难免记述有所不准确、言辞有不妥帖甚至偏狭之处,唯期各位同门师兄弟姐妹,念及此文只是真情回忆王维贤先生与我之间的散碎片段,感念王维贤先生对我的栽培厚重之恩而写,能多予包涵!

回忆王维贤先生教导我们怎样取法乎上

澳门大学人文学院中国语言文学系/北京大学中文系　袁毓林

今年是王维贤先生 100 周年诞辰,对于我们这些受业弟子来说,这是一个值得纪念的日子。抚今忆昔,甚至可以这么说,没有王维贤先生当年给我们打下坚实的学术基础,并且殷切地教导我们在治学方面怎样取法乎上,就没有我们今天在职业生涯上的些许成就,也不会有我们在学术研究上的点滴成绩。

下面,先简单说一下王维贤先生是怎样帮我们打牢学术基础的。大家可能知道,王维贤先生早年在燕京大学哲学系读研究生时,跟随王宪钧教授研究数理逻辑,对于自然语言的逻辑分析和语言学理论有独到的见解。后来,王维贤先生又钻研并掌握了结构主义描写语言学理论,对于汉语语法研究观念和方法的演进也深有研究。碰到这样的导师,对于我们研究生来说无疑是一种天赐的机缘。王维贤先生除了亲自给我们讲授《现代语言学》(一学期,每周 2 节,跟高年级本科生合上)、《汉语语法专著选读》(一学年,每周 3 节)、《语法论文选读》(一学期,每周 3 节)、《生成语法和语法理论》(一学年,每周 3 节)之外,还请傅国通老师讲授《语音学基础》(一学期,每周 3 节)、《方言调查和研究》(一学期,每周 3 节),请哲学系邱国权老师讲授《数理逻辑和计算机基础》(一学年,每周 3 节),请胡伟民老师讲授专业英语(一学年,每周 3 节),用的教材是约翰·莱昂斯(John Lyons)的 *Introduction to Theoretical Linguistics*(1968)。记得我们刚刚入学,王维贤先生就给我们准备了 4 页打字纸的必读书目,涉及现代汉语(语法为主)、古代汉语(语法为主)、国外语法理论(英文版)、一般语言学理论(英文版)、小学(文字学、训诂学、音韵学)。我们回到宿舍一数,整个书目列了 65 本;打三角号的必读书也有 35 本,其中还包括段玉裁的《说文解字注》呢。这些课程学下来,这些书读下来,基本上达到了毕业时王维贤先生对我们的评价："治学的境界是登堂入室，现在你们在语言学研究方面，可以说是登堂了；但是，要入室就有待于你们将来更进一步的努力了。"

王维贤先生的这话儿，大概近于俗语"师傅领进门，修行在自身"。问题是怎么修行？难道就没有一点儿门径吗？不是的！其实，在我们刚入学不久，王维贤先生就已经给我们指点过迷津了。具体地说，就是王维贤先生已经教导过我们怎样取法乎上了。

事情是这样的：我们是 1984 年 9 月入学的。这一年的暑假中（7 月 28 日—8 月 12 日），正逢洛杉矶奥运会（第 23 届夏季奥林匹克运动会）在美国举办。中国代表团参加奥运会，并且取得了不俗的成绩（获得 15 金、8 银、9 铜，位列奖牌榜第 4 名）。这种赫赫战果，当时在国内外产生了强烈的反响。直到 9 月份，关于中国健儿奥运佳绩的热度还没有消退。在一次讨论课上，王维贤先生居然若有所思地跟我们说："体育比赛讲金牌、银牌、铜牌，语言学研究其实也有这种差别。比方说，朱德熙先生就应该得金牌，我连铜牌也不该得；但是，我希望你们将来能够得金牌。"这几句话，其实是告诉我们在治学上怎样取法乎上。正如古人说的："夫取法于上，仅得其中；取法于中，不免为下。"（李世民《帝范》）因此，确立标杆很重要。显然，王维贤先生认为朱德熙先生是汉语语法研究的典范，所以鼓励我们取法朱先生。后来，王维贤先生鼓励我报考朱先生的博士生，还不遗余力地向朱先生推荐；最终，使我能够在朱德熙先生的门下学习。

进了朱门以后，我发现，朱德熙先生跟王维贤先生不太一样。他一般不跟我们学生讲太多的大道理；更多的是跟我们说："时间是过得很快的，要抓紧时间。三年完成一篇博士论文并不轻松。"朱先生也不太多讲理论或方法之类，而是对好玩的语言现象更加感兴趣；并且，他基本上是通过自己深入而系统的研究成果向我们昭示语言学研究的方法论的。这大概就是"天地有大美而不言"（《庄子·知北游》）。像我对"的/者"字结构－名词/动词配价－谓词隐含－物性结构－定语小句以及诸如此类的一系列的研究，就是希望学习朱先生那种连续、递进式的学术研究的路子。

因此，可以这么说：王维贤先生重"言教"，给我的影响更多的是理论层面的；朱德熙先生重"身教"，给我的影响更多的是方法层面的。当然，无论哪一个方面,对我来说都是不可或缺的。记得 1985 年前后,延边大学《汉语学习》主编吴葆棠老师去北京约稿,请吕叔湘先生写关于如何培养研究生的文章。吕先生让吴老师去杭州大学找王维贤先生写。由于是吕先生的推荐,王维贤先生就答应了,还跟我们学生们议论了一下该谈哪些方面。但是,王维贤先生最终还是放弃了。他异常清醒地跟我们说:"吕叔湘先生都觉得他不方便写,那我就更没有资格来告诉别人该怎样培养研究生了。"

时光荏苒,岁月匆匆;一转眼,我们这一批当初青涩的研究生都当上了研究生导师。于是,怎样像王维贤先生那样帮助研究生打基础、立标杆,就成了我们需要解决的重大课题。我们决心像王维贤先生一样,热爱教育事业,竭尽心力来培养语言学研究与教学的后备力量。只有这样,才对得起王维贤先生对我们的培养;也只有这样,才能告慰王维贤先生的在天之灵。

2022 年 9 月 于岭南横琴 澳门大学寓所

我心中的"大先生"

——谈谈王维贤先生的为人与治学

浙江大学哲学学院　黄华新

今年是王维贤先生诞辰 100 周年,为了举办这个纪念会,我的同事彭利贞教授一年之前就开始了精心准备。远在广东的邵敬敏学长为了避免受新冠疫情影响而耽误参会,提前一周就来到了浙江。王维贤先生的孙子、浙江大学环境与资源学院博士后丰睿专门撰写了纪念文章,情真意切,令人感动……

我虽是王维贤先生的"俗家弟子",但因仰慕先生的道德文章,也因学术上的诸多关联,与先生交流、向先生学习的机会相对多一些。我从留校当助教开始,直到后来晋升为讲师、副教授和教授,始终得到王维贤先生的关心、厚爱和栽培,感激之情,无以言表。

最近,学校教师工作部牵头编写了一本反映浙大教授风貌的书,书名为《我身边的求是大先生》。看到这本书,我心中自然而然地想起了王维贤先生,因为先生的为人和治学确确实实契合了当下正在大力倡导的"大先生"的精神和气质。

王维贤先生是一位淡泊宁静、诚真宽厚、很有情怀的学者。回想起与先生三十多年的交往,有几件事印象特别深刻。

我 1982 年秋天留校当助教,开始逻辑学的教学工作。1983 年浙江省成立逻辑学会,王维贤先生是首任会长,他对我们小青年特别关心爱护,用餐用车我们都享受了与他们一样的待遇。如果我们做了一些会务接待方面的具体工作,他会一再鼓励,从不挑剔。差不多在同一个时间段,王维贤先生担任了中国逻辑与语言研究会的会长,我有幸与他一起参加过几次重要的学术活动。虽然他德高望重,深受学术界同仁的尊敬,但他始终平和宽厚,诚以待人,严以律己,颇有谦谦君子的风范。南京大学的老先生郁慕镛教授生前曾经对我说,王维贤先生学问精深,为人厚道,心胸宽广,与他共事可以说是你们浙大小一辈的福分。

"四校合并"不久,浙江大学有了语言学及应用语言学博士学位的授予权。当时,王维贤先生已经退休,但他坚持每周一次为博士研究生讲授"语言逻辑研究"课程,他宽广的国际视野、坚实的汉语功底和独到的分析思路给我和研究生们很大的启发和帮助。每当研究生们向他请教这样那样的学术问题时,王维贤先生总是不厌其烦地解释,平等平和地讨论。如今,当年的博士研究生很多已经是教授和博导了,饮水思源,此时此刻我们不能不从心底里思念和感恩为自己领路的导师!

2004年,浙江大学成立了语言与认知研究中心(CSLC,国家"985"哲学社会科学创新基地),王维贤先生受邀担任研究中心顾问。他多次强调中心要海纳百川聚人才、凝练方向抓重点,并提出了跨学科交叉研究、跨学科培养人才和强化国际交流合作等一系列建议,为研究中心的发展出主意,献良策。后来,我们团队先后主持了"逻辑、语言与认知"交叉领域的三个国家社科基金重大项目,这里面就凝聚着先生的智慧和力量。

特别值得一提的是,王维贤先生对身边的青年学者充满真情厚爱,寄予殷切期望。2003年12月,他为我们的《符号学导论》一书作序,其中有这么一段:

> 十多年前,我们杭州有一批年轻学者,包括研究语言和研究逻辑的在内,同几个年长的教授一起,从交叉学科的角度,讨论了汉语逻辑问题,并且出版了一本专著,那是一段难忘的日子。时隔不久,不少同志天各一方,难见当日的辉煌。现在又有一批年轻的博士生参加集体的学术研究和讨论,并取得了新的成果,再现昔日的盛况,令人感奋不已;可以预期,这些年轻的学者在杭州这块学术的沃土上会创造出更多的成果。

先生朴实无华的话语,时常会唤起我们对那段历史的回忆,并从一个侧面提醒我辈千万要珍惜当下来之不易的学术氛围和机遇。

王维贤先生学识渊博,学问精深。他倡导"学科交融、中外互鉴、古今汇通",是国内逻辑与语言交叉研究的引领者和推动者,也是海内外学术合作的倡导者和推动者。最近,与我同辈的几位逻辑学界、语言学界的同仁谈到王维贤先生,他们认为先生是在逻辑、语言两个学科领域都有突出贡献的知名专家,这样的学者特别难得。我十分认同这一评价。王维贤先生早年发表在《逻辑与语言研究》集刊(中国社会科学出版社)上的《论"转折"》一文,曾荣获浙江省人民政府哲学社会科学优秀成果奖二等奖;他与李先焜、陈宗明两位先生合著的《语言逻辑引论》(湖北教育出版社)曾荣获浙江省人民政府优秀成果一等奖;而《王维贤语言学论文集》(商务印书馆)则获第五届中国高校人文社会科学研究优秀成果奖二等奖。虽然王维贤先生淡泊名利,不太在乎这些奖项,但"获奖"本身也从一个方面反映了学术界对他学术成就的肯定。

"大不自多,海纳江河",王维贤先生在翻译、推介海外学术著作方面,也有着独特的地位,为人文交流做出了不可磨灭的贡献。他牵头翻译的奥尔伍德等学者的著作《语言学中的逻辑》(河北人民出版社)、麦考莱的著作《语言的逻辑分析——语言学家关注的逻辑问题》(浙江大学出版社),至今仍然是我们研究生的必读书目。关于《语言的逻辑分析》一书的翻译和出版,因为我参与了其中的一些工作,了解的情况相对多一点,似可多说几句。1986年下半年,我与徐颂列等几位当年的年轻教师一起去听语言逻辑的课程,王维贤先生选用了这本著作作为教材。这确实是一本好书。耶鲁大学教授劳伦斯·霍恩、斯坦福大学教授伊万·赛格和波士顿大学教授贾可·辛提卡都曾经高度评价此书。可是,对我们这些初学者来说,阅读和理解的难度很大。王维贤先生一方面自己反复研读,与我们一起深入讨论,另一方面也不断鼓励我们,希望大家分工合作,把它翻译出来。"世上无难事,只怕有心人。"经过十多年的坚持,王维贤先生带领我们一群二三十岁的年轻人完成了初步的翻译。这期间,王维贤先生还专门邀请该书作者来学校访问,我们也有幸当面请教远道而来的麦考莱先生。后来,为了本书译名的敲定,为了译文的"信达雅",为了本书的版权,为了出版经费的落实,王维贤先生可谓呕心沥血,殚精竭虑。译著(第一版)终于在1998年正式出版了。2011年,又过了十多年,在徐颂列教授的主持下,该书第二版的译著被列入CSLC"语言与认知译丛"重新出版。我想,这种坚持,这种传承,是对王维贤先生学术精神的弘扬,也是对先生最好的纪念。徐颂列教授在译著第二版出版的"补记"里有这么一段话,应该说反映了我们那一群人共同的心声：

> 在王维贤先生的悉心指导下，我们这群有志于语言逻辑研究的年轻人认真研读本书，除了在研究生的课堂上学习讨论，还以沙龙的形式把研讨拓展到课外。玉泉的水榭和墅园的亭台，都留下了王维贤先生的苍苍白发和我们年轻的身影。那真是一段令人难忘的美好岁月。

那一段岁月，确实十分美好，确实令人难忘！因为王维贤先生等老一辈学者始终在陪伴、呵护、引领着我们齐奋斗、共成长。

先生是我人生的引领者

——纪念王维贤先生 100 周年诞辰

华东师范大学　　任芝锳

今年是王维贤先生诞辰 100 周年,作为王维贤先生 1978 年的开山弟子之一、又和王维贤先生共事五年的学生,本该去杭州参加盛会,只因患双侧股骨头坏死,行动困难,无法远行,心里万分遗憾。

王维贤先生对我的一生影响深远。在王维贤先生的培养教育下,我从一个下乡知青,成长为一个有专业知识的大学老师。

我从小学习还不错,一心就盼着将来能读大学,有一技之长,做个对社会有用的人。但由于历史的原因,我 1969 年高中毕业后就去了黑龙江插队务农。1975 年我有幸被推荐到哈尔滨师范大学中文系读书,但因为是工农兵大学生,有点不甘心。1978 年毕业时正逢恢复研究生招生。我们这些来自京津沪的毕业生都很高兴,跃跃欲试。我在中文系各科成绩都还不错,但我中学时偏理科,喜欢逻辑思维,所以选择报考了杭州大学现代汉语语法专业。报考后才知道,第一次招生报考的人很多,而且大部分是"文革"前的大学生,但只招 2 名。据说有的人已经打了退堂鼓,我则是初生之犊不怕虎,斗胆决定试一试。出乎意料,我幸运地收到了面试通知。

第一次见到王维贤先生,就给我留下极其深刻的印象。他亲切和蔼,没有一点架子,是我敬佩的学者型的老师。我暗下决心,要跟着他好好学习。面试结束后,我虽不大有信心能被录取,但也不想放弃跟着王维贤先生学习的愿望。因为对自己被录取没有信心,就根据学校的毕业分配意见,到黑龙江农场局下属化肥厂的子弟学校报到去了。由于当时那所子弟学校还没完全建好,我又被学校派去伊春一所中学进修。但我仍很想跟着王维贤先生学习,因此我就给王维贤先生写了一封信，表达了迫切希望跟着他学习语法的愿望。没想到王维贤先生亲自给我回了信，他安慰我说，根据我两次考试的成绩，录取的可能性还是比较大的。所以关于今后学习的问题，如果被录取，今后有很多机会讨论学习问题，如果没能被录取，他会再写信给我。我收到信后非常感动，同时也对考上研究生有了希望。后来承蒙王维贤先生不嫌弃我这个工农兵大学生，我终于收到了录取通知书。一开始我就职的子弟学校还不放我走，后来经学校其他老师点拨，到佳木斯找了农场局申诉才顺利圆了我这个研究生之梦，开始了我全新的人生。

刚进杭州大学，我有些忐忑。关于现代汉语语法我只在大学里学了一点皮毛，可以说几乎是一张白纸。幸亏王维贤先生在三年中给我们安排了全面的学习计划，开设了许多课程。他给我们开设了"语法专著选读"，带领我们系统地研读了从马建忠、黎锦熙、赵元任、王力到吕叔湘等各大家的代表作，使我系统地了解了现代汉语语法研究的发展历史和各大家的学说，为我后来的语法教学和语法研究打下了较为扎实的基础。三年里王维贤先生还带我们学习当时比较前沿的乔姆斯基的英文原著《句法结构》，让我了解了转换生成语法理论，这为我后来撰写毕业论文及进行语法研究提供了新的思路和方法。

1981年毕业后，我又有幸留在杭州大学现代汉语教研室当老师。在校的五年里我继续把王维贤先生作为我的导师，王维贤先生也仍把我看作他的学生，培养我，引导我，给我创造一切机会来锻炼我。刚留校，王维贤先生就鼓励我去西藏民族学院支教，让我独立完成教授藏族学生现代汉语课程的工作。后来又让我参与由他主编的杭州大学现代汉语函授教材的编写工作。1986年又让我和倪宝元、傅国通两位先生一起参加浙江省自学考试的命题工作。这些经历使我全方位地了解和实践了现代汉语课程的教学、命题、编写教材等工作。这就为我后来回到上海参加全国中小学教师学历培训及继续教学打下了扎实的基础。此外，我还顺利参与编写全国成人高等师范学校小学教育专业现代汉语教材，多次参加上海及全国中小学教师现代汉语考试命题等工作。

此外，当时杭州大学与美国印第安纳州立大学有交换生，我也是最早教留学生汉语的。当时各高校还没有对外汉语系，甚至没有对外汉语教研室。由于没有合适的教材，在王维贤先生的鼓励下，我自己编写教材，边学边干，这也为我后来的对外汉语教学积累了宝贵的经验。

留校以后，王维贤先生也为我的科研发展作了周密的规划。毕业后王维贤先生要求我暂时先不要急于搞科研，而是多花些精力学习外语，创造条件争取作为交换生去美国学习一些新的研究理论和方法，开拓学术研究的思路和角度。后来虽然去美国没有成行，但外语基础为我此后的对外汉语教学提供了极大的方便。

1984—1986年间，王维贤先生组织了一个以杭州大学现代汉语教研室为主的语法小组，有王维贤先生、卢曼云老师、刘云泉老师、杭州师范学院的张学成老师和我五人。我们每月定期在卢曼云老师家交流当前语法研究的新动向，各人研究的新课题。当时语法研究已经从传统语法、结构主义等扩展到变换移位、语义特征等方法的运用。对我影响最深的是三个平面理论。在王维贤先生的帮助指导下，那时我曾写了多篇论文发表在《杭州大学学报》上，有的还获得了省语言学会优秀成果奖。王维贤先生不仅是优秀的语言学家，在逻辑学上也很有造诣。受他的影响，我对逻辑语言也产生强烈兴趣。回沪后，我参加了上海及全国逻辑学会，并积极参加上海逻辑学会的学术讨论。

在杭州大学的八年中，我在教学中或学术上凡是碰到问题，总是随时向王维贤先生请教，他每次都细心耐心地为我解答，提出自己意见或建议。我不仅从王维贤先生那里获得知识和启发，同时也学到了他对学术研究的严谨态度，对学生的平易近人、耐心教诲。王维贤先生在生活上也十分简朴，到他家去请教时，总会看到他坐在一个绑着棉垫的方凳上工作。这些都影响了我的一生。

1986年，我因工作调动而回到了上海，虽然离先生远了，但我还经常跟王维贤先生联系，一有空就去杭州探望他。我永远不会忘记先生对我的再造之恩，没有他，就没有今天的我。我在杭州大学的三年研究生学习和五年的高校教学经历彻底改变了我的人生。他不仅教给我知识，也教会我如何做人。这些都要感谢王维贤先生，他是我人生的引领者，是我的恩师。可以说没有王维贤先生，就没有今天的我。师恩终生难忘。

永远怀念王维贤先生！

且看桃李舞春风

——纪念导师王维贤先生百年诞辰

浙江科技大学/温州大学人文学院　王建华

王维贤先生是我的硕士研究生导师,我尊敬的长辈。1982 年 3 月初,我从江西的红土地来到秀美的西子湖畔,进入杭州大学中文系现代汉语专业攻读硕士。导师是王维贤和倪宝元二位先生,同学四人除我是外校考进来的外,其余三人都是杭州大学中文系 1977 级的,分别是郑良根、施建基和黄致伟。第一次见到王维贤先生是在他的家中,我们四人约好一起去拜见导师。初始印象中先生 60 来岁,清瘦高挑,精神健旺。也许是对其他三人都认识,他特意问起我的情况。还加了一句,觉得好像有点眼熟。在乍暖还寒的初春之夜,这句话让我心里热乎乎的。一转眼 40 多年过去了,迎来了先生的百年诞辰,当年受教于先生的点点滴滴也慢慢地浮现在眼前。

1　具有国际视野的理论追求

王维贤先生早年就学于燕京大学哲学系和北京大学文科研究所,受到良好的理论训练,对数理逻辑和自然语言的分析有独到见解,以关注国际前沿理论研究而闻名于学术界。20 世纪 80 年代初,结构主义语言学描写学派如日中天,乔姆斯基的转换生成语法学也开始进入国内。王维贤先生就是转换生成语法学介绍和研究的先驱之一。我记得当年研究生考试时,语言学理论有一道名词解释题:转换生成语法学。面对这个题目,我无从回答,因为闻所未闻。我所就读的江西师范大学不是综合性高校,压根就没开设语言学概论课程,我是通过两个月的自学,依靠可怜的现学现卖才在研究生考试中通过《语言学概论》这一关的。面对这个如此前沿的题目我不敢胡编，硬生生地丢了 5 分。

入学之后，王维贤先生每周给我们上课，一直强调理论的重要性。他选用的教材是英国语言学家莱昂斯的《理论语言学导论》（全英文版），他让我们四人预先研读，上课时轮流由一人复述主要观点，然后进行讨论，还布置了翻译的作业。学习乔姆斯基的转换生成标准语法理论时，我们好像是用英文版和宁春岩译本或黄正德译本参照着读。说实话，我读本科时英语并不好，这种学习方法对我是很大的考验，也是磨难。但经过一个学期的学习，专业英语还是有不小的进步。而对新的语言学理论方法的追求，也成为我们的自觉行为。1984 年，由于倪先生的推荐，《杭州大学学报》第 2 期发表了我的《从〈骆驼祥子〉看老舍修辞理论的实践》论文，王维贤先生看到了先是鼓励，又接着说，对语言现象和修辞方式的描写已经比较细致了，今后可以开拓视野，以新的理论方法作指导。我记着先生的话，平时特别注意对语言学新理论的学习与思考。《国外语言学》上发表的胡壮麟的《语用学》和程雨民介绍"会话含义"理论的文章，让我大开眼界。硕士毕业论文写作时，我在倪先生的指导下做修辞学方向。我没有从传统修辞学角度入手，而是以刚从英美引进的语用学为理论背景，分析老舍的幽默语言。虽然还是探索性质，但得到了两位先生的肯定。一个语言学理论方面的"菜鸟"，在毕业论文的关键时期，竟敢用新的理论和方法，这是二位先生教导和鼓励的结果。后来，我在《中国语文》1987 年第 1 期发表了《语境歧义分析》一文，则更是得益于攻硕期间对语言理论的学习与思考。

2　引领风气的汉语语法研究

20 世纪 80 年代，汉语语法研究风起云涌，名家辈出。在王力、吕叔湘、朱德熙、胡裕树、张斌等大家之外，王维贤先生和华中师大的邢福义先生应属于中青年学者的代表。田小琳先生近期有一篇回忆邢先生的文章，文中提到，1981 年召开全国语法和语法教学研讨会时，全体与会人员被分编为四个组。"第三组召集人：张静、王维贤、邢福义。""修订意见第一稿经分组讨论后，由廖序东、张静、张寿康、徐仲华、胡明扬、邢福义、王维贤七位同志集中研究了各组的意见，加以修改，提出修订意见第二稿。"可见王维贤先生在全国语法学界的地位。

王维贤先生在语法研究上不仅治学严谨,还引领风气。如对复句的研究,"王维贤先生最早将逻辑知识引入汉语复句研究"(陆俭明先生语)。又如以转换生成语法理论指导汉语语法研究、以三个平面理论用于汉语语法分析,王维贤先生也是引领者和实践者之一。他的几篇重要论文如《现代汉语的短语结构和句子结构》《说"省略"》《现代汉语的句法结构、语法结构和语用结构》《句法分析的三个平面与深层结构》《语言的三个平面和句法的三个平面》产生了较大的影响。若干年后先生已经仙逝,他所著的《王维贤语言学论文集》还获得了教育部人文社会科学奖的二等奖。

1981级的研究生招生,印象中全国可能就只有王维贤、倪宝元和邢福义几位先生招现代汉语的硕士。因而我们杭大的四人与华中师大的肖国政、李宇明、徐杰三人,可谓"同科同年"。读硕期间,二位导师分主副制,建基兄和致伟兄以王维贤先生为主导师,倪先生为副导师,专治语法;良根兄和我以倪先生为主导师,王维贤先生为副导师,侧重修辞。二位先生的课我们都是一起听和讨论的。在二位先生的指导下,我写过一篇语法研究论文《现代汉语"请+动2"格式初探》,发表在《江西师大学报》1984年第3期。研究生毕业工作后,王维贤先生主持编写《语法学辞典》,师兄章一鸣、曹庆霖、潘晓东等都是主力队员,良根兄和我也加入其中,我撰写的是"复句"相关的词条,又得到王维贤先生多次耳提面命的指导。不过,后来我的主要兴趣转向修辞和语用研究,在语法方面逐渐隔膜、疏离,至今想来,有时感到是一件憾事。

3　尽心尽力地推进语言学科建设

王维贤先生对语言学的学科建设十分重视。首先,他对研究生的培养定出很高的标准,要求我们把必读书目读好读透,上课时的讨论要积极发言。我们四人每周都要去王维贤先生的家中上课和讨论,除了语言学理论课用外语教材之外,王维贤先生还指导我们系统阅读了现代汉语语法的几大名家的著作,马建忠、黎锦熙、王力、吕叔湘、朱德熙等先生的专著都是我们研读和讨论的对象。其次,他将名家请进来。王维贤先生组织了杭州的语言学沙龙,老中青一起定期展开研讨。胡裕树、张斌、林祥楣、胡明扬、王德春等先生都来过杭州语言学沙龙讲学。在我们毕业后,王维贤先生还请了杭州本地的专家学者,如省委党校的陈宗明教授、杭州商学院的胡伟民教授等来为研究生上课。我曾随师弟师妹们一起听过这两位老师的自然语言逻辑和外文专著阅读的课。再次,他鼓励我们走出去访学和参加学术会议。还没到写论文阶段,他就让我们去上海拜访复旦大学、华东师大和上海师大的名家,记得去过胡裕树先生、张斌先生的家中请教。为了学习刚引进的语用学理论,我还去北京大学拜访请教过胡壮麟教授,请教过上海外国语大学王德春教授和戚雨村教授等专家。良根兄和我还在复旦大学听过好几堂课,其中有李熙宗教授讲的修辞学。十几年后,李老师成了我的博士生导师,此为后话。1983年暑假,浙江省语言学会在舟山召开年会,我们同学四人和已毕业的邵敬敏师兄等人都参加了。而稍后在昆明举行的中国修辞学会年会,倪先生也带良根兄和我参加了。通过这些活动,我们结识了名家,打开了眼界。

王维贤先生对杭州大学语言学教研室的建设可谓殚精竭虑。我们攻硕时教研室有不少老师,王、倪二先生为学术带头人,整体年龄偏大。作为室主任的王维贤先生很重视从毕业的硕士里挑选人才,形成梯队。1981年毕业的大师兄邵敬敏是他第一个想留下来的人选。因敬敏兄回了上海并进入华东师大工作,只能作罢。1984年底,我们四人研究生毕业,王维贤先生选了建基和致伟留校。建基兄功底扎实,思维敏锐,读本科时就在专业刊物上发表过《为什么约定俗成的结果一定是这样?》的文章。致伟兄绝顶聪明,举一反三。他们的共同特点是外语很棒,有较好的语言学理论素养。良根兄当时已有出国打算,很低调地去了杭州师院。我则开始被分到浙江省委办公厅,自己提出要专业对口,便对口到了浙江教育学院当老师——那时候杭州有中文系的高校实在太少了。再后来,外语系的同届硕士毕业生周晓康转了一圈也到了中文系语言学教研室,加上师姐任芝锳,再过两年又有师弟王维成留校,教研室的年轻人才颇有济济一堂之感。

应该说对杭大语言学建设王维贤先生是尽心尽力的,只可惜后来他年事已高,办了退休,没能及时领衔获得博士学位授权。下一届的师弟袁毓林、戴耀晶分别考上北大朱德熙先生和复旦胡裕树先生的博士生,有了更好的发展。而留校的才俊们也都先后出国、调出或改行,同门里只有后来留校的师弟池昌海、彭利贞两位教授坚守着老杭大的现代汉语阵地，也做出了很好的成绩。但与最盛时 15 人的教研室相比，老杭大现代汉语后劲不足还是显露出来。说一个小插曲，20 世纪 80 年代末 90 年代初，杭大校长沈善洪教授通过倪宝元先生了解到我的情况，曾有动议要调我回杭大中文系。可他与同学好友、当时浙江教育学院院长姚鸿瑞教授商议时，被姚院长一口回绝。此事是姚院长亲口告诉我的——"我们是舍不得放你走的，要安心地好好工作"。若干年后有一次在浙江医院看望住院的沈老校长，他也主动同我说起过此事。未能有机会为母校现代汉语的传承振兴做些事情，我总觉得遗憾。不知那些由王维贤先生挑选留下来但后来又出走离开的师兄弟们作何感想？让人不禁唏嘘。

4　富于温情，宽严相济

在杭州大学攻硕的三年，是我难忘的美好时光。作为外来的学子，我没有什么孤独感。还记得刚报到时，行李托运到学校本部，可中文系在西溪河下的独立小院。如何把行李运到系里宿舍，我一筹莫展。良根兄二话不说从系里借了一辆三轮车，沿着西溪河边泥泞的小路，歪歪扭扭地、满头大汗地帮我运回行李——原来他比不会骑三轮的我好不了多少，也刚学会不久。良根兄入学时成绩最好，曾是研究生班的负责人。后去美国转读工科，又拿了两个硕士学位。但他对海外华文教育仍一往情深，曾任美国中文学校协会会长，最近又在钻研美国华人历史，尤其是华文教育发展史。多年后良根兄还为我联系赴哈佛大学进修等事宜，虽因诸多客观原因终未成行，但这种同学间的温情至今让我感动。平日里同专业的四名同学之间关系融洽，互相砥砺。我和建基曾议过以"双箭"为笔名共同写文章；我们也曾开玩笑，"良根建基，致伟建华"形成一个紧密的命运共同体：根红苗正的良才，筑牢成长的基础，做出伟大的成就，建设强盛的中华。没料到毕业后不久，大家就国内国外天各一方。建基兄在加拿大，致伟兄在美国，都不再做现代汉语专业了。不过，同学情谊还常在心中。

两位导师里，倪宝元先生为人温和，如春风拂面，我将另文缅怀。王维贤先生诲人不倦，对学生要求严格。研二的第一学期开学，我因孩子出生，没有请假而迟来报到，受到王维贤先生的批评。我对他很是敬畏。其实，他的严格中有关心，是宽严相济的育人方式。后来他知道了我迟到的原因，表示了理解。大约在研二的下学期，他骑自行车过马路时发生车祸，腿骨骨折。住院期间，我们同学轮流去陪护。近距离接触时，能感受到他的和蔼可亲，善解人意。他知道我学习很拼，很刻苦，同我说用功固然重要，也需劳逸结合。人生有几个年龄段要特别注意：一是 40 岁左右，人到中年不能像年轻时那么不要命般拼了；还有就是 60 岁左右，工作的惯性可能让人停不下来，但身体已发生变化了。他又说杭州的四季景致不同，哪些地方必须去看看。他进一步说，"你是外地人，不太方便出行，现在我骨折了，以后也不骑自行车了，你可以把车骑去"。就这样，后面近一年时间我骑着王维贤先生的自行车，生活确实方便多了。先生所说的景点我都骑车去过，还与研究生老乡一起骑行到海宁盐官观看钱塘江大潮。这些事我回忆起来一直都有温暖的感觉。

正因为当年现代汉语专业的师生们这种和谐的氛围，充满人情味的相处方式，加上导师的严格要求，同学们的刻苦努力，杭州大学现代汉语专业历届毕业的硕士研究生（含后来刘云泉、卢曼云、傅国通等先生招收的学生），有不少佼佼者，在学术界脱颖而出成为学术中坚，甚至已成全国的学科领军人物，如邵敬敏、袁毓林、戴耀晶等。休言万事转头空，且看桃李舞春风，老杭州大学（后并入浙江大学）现代汉语专业、王维贤先生和倪宝元先生为中国语言学事业的发展功莫大焉！

以上是我在 2022 年 11 月 13 日浙江大学举办的"中国语文研究中心第八届学术研讨会暨纪念王维贤先生百年诞辰纪念会"上的即兴发言。遵利贞师弟雅意，做了整理、增补，形成书面文字，以纪念尊敬的导师王维贤先生。

怀念敬爱的王维贤先生

浙江外国语学院　徐颂列

敬爱的王维贤先生与我们分别已经 14 年了,然而只要想到他老人家,我心中就充满了深深的怀念之情。

记得在王维贤先生去世的前一天,我去医院重症监护室看望他老人家,他已经昏迷不醒,这是我最后一次见到他。虽然有王维贤先生将与我们永别的思想准备,但是在收到黄华新老师发来王维贤先生去世的信息时,我还是感到不能接受,非常难过,晚上无法入睡。这次参加王维贤先生诞辰 100 周年的纪念会,再一次使我陷入对先生的深深怀念之中,脑海里不断浮现 20 多年来跟随王维贤先生学习研究的往事。王维贤先生给我们上课,指导论文,组织语法沙龙活动的情景历历在目。

忘不了 1984 年夏的大连之行,1986 年的承德之行,1987 年的长沙之行,1988 年的南京、北京之行,还有 1990 年的武汉之行,1997 年的上海之行,我跟随王维贤先生参加了多次语言和逻辑的学术会议,结识了语言学界和逻辑学界的许多专家学者,聆听了许多高层次的学术报告,得到了专家们的热情指导。

忘不了王维贤先生带着我们一群有志于语言逻辑研究的年轻人研读 J. D. 麦考莱的《语言逻辑分析》。整整三个学期,在先生的悉心指导下,除了在研究生学习的课堂上学习讨论,还以沙龙的形式把研讨拓展到课外。玉泉的水榭和墅园的亭台,应还记得王维贤先生的苍苍白发和我们年轻的身影。课上的讨论切磋和课后的思考琢磨,使我们对用逻辑方法研究语言问题有了比较深入的了解,初步打下了语言逻辑研究的基础。在王维贤先生的建议下,我们边研读边翻译。对我们稚嫩的译稿,王维贤先生字斟句酌,反复推敲,严格把关,使我们在翻译的过程中既学习了专业知识,又提高了英语阅读能力,更重要的是感受到了先生呕心沥血提携后学的精神和严谨踏实的学风,这对我们的一生都产生了重大的影响。

是王维贤先生把我引上语言逻辑研究之路,指导我在这个领域不断探索。可以说我在学术上取得的任何一点成绩都有着他的心血。我真诚地感谢他。

20 多年来,王维贤先生留给我印象最深的是"执着"和"大爱"。他的"执着"表现在穷毕生的精力孜孜不倦地追求汉语语法和逻辑的研究,退休 20 余年来,王维贤先生从来没有停止学术研究。记得就是在 2005 年,他 83 岁的时候,还精心组织了语法沙龙的活动。2009 年(也就是他去世的那一年)4 月,87 岁的王维贤先生还兴致勃勃地参加了全国语言逻辑和符号学学术研讨会,这种强烈的事业心和执着的追求精神,是我们后辈学生望尘莫及的,也是值得我们终身学习的。

王维贤先生对学生的爱是我们都有切身体会的。无论是学业上、生活上还是工作上,王维贤先生对我们都十分关心,可以说是有求必应。他为学生取得的点滴成绩感到高兴,1998 年在我出版第一本小书时,王维贤先生欣然作序,以资鼓励。2004 年得知我身患重病,王维贤先生以 82 岁的高龄冒着酷暑和师母来我家看望。我在生活上或工作中遇到什么开心的事或不顺心的事都愿意和先生说说,也总是能从王维贤先生那儿得到安慰和鼓励。2009 年 7 月下旬,我去医院探望已经病重的王维贤先生,他看到我的第一句话仍然是"你这么忙,还要来看我"。他总是为学生着想,爱护、关心着我们。

王维贤先生虽然永远地离开我们了,但是他对事业执着追求的精神将永远鼓励我们,他的大爱将永远泽被我们,他将永远活在我们的心里。

我的指路明灯王维贤先生

澳大利亚墨尔本半岛文法学校　　周晓康

前几天我收到了杭大中文系老同学王继同转发给我的"浙江大学中国语文研究中心第八届学术研讨会暨王维贤先生百年诞辰纪念"报道，真没想到今年竟是王维贤先生的百年诞辰，我的脑海里所涌现的当年在研究生班给我们上课的王维贤先生，笑容可掬，文质彬彬，恍如昨日……

思绪回到 1985 年春，我在杭大外语系获得英国语言文学硕士学位之后，被分配到中文系任教，教对外汉语、语言学导论和公共英语。当年，因杭州大学和美国印第安大学的交流合作项目，首批美国留学生来到杭州大学访问交流，学习汉语。我有幸成为改革开放后的最早几批对外汉语教师之一。教书之外，还兼任翻译和导游。让我的英语和母语都大有用武之地，实为幸运！

而更为幸运的是，出于对外汉语教学的需要，既然进入中文系，那就要名副其实地提升自己的中文水平，为下一步转向汉语研究打好基础。当时我已有志于将系统功能语言学理论应用于汉语语法和语篇的研究，而我们的对外汉语和语言学导论这两门课又是属于中文系名师王维贤先生领导下的现代汉语和语言学教研室。近水楼台先得月，我就向系领导提出到王维贤先生所带的现代汉语和逻辑学研究生班里进修的请求。王维贤先生大力支持，非常乐意收我为弟子。尽管他的研究领域侧重于美国语言学结构主义，但他开明、开放、豁达、宽容，对我所追随的系统功能语言学没有丝毫偏见或抵触，反而鼓励我博览众说，取长补短。王维贤先生有着地地道道的学者风范，是文人君子，吾辈楷模！

于是我就名正言顺地加入了王维贤先生的研究生班，其中有王继同、王维成、王明华、袁毓林、戴耀晶、陈月明、徐颂列、刘雪春等，还有上一届的王建华、郑良根、施建基、黄致伟等也常来常往。如今这些同学大都成了学界领军人物,学术或行业大咖。那时上课,就在王维贤先生的办公室里,大家围着几张拼起来的长桌面对面而坐,与其说是上课,不如说是开会,完全是一种讨论的形式,各抒己见,畅所欲言。当然,在学习理论部分时,由王维贤先生导航,旁征博引,深入浅出,把理论框架和问题的来龙去脉给大家介绍得清清楚楚,然后引导我们进一步思考,归纳,提问,求证。课堂气氛非常活跃、愉快。王维贤先生主张民主、平等的学术交流,有教无类,以身作则是先生崇高人品的写照。他赢得了我们每个人发自内心的敬佩、爱戴、膜拜。大家都为能在王维贤先生门下受教而感到无比的荣幸和骄傲!

　　让我印象最深刻的是,第二年的下半年(1986),我们开始在王维贤先生的指导下,通读一本叫 *Everything that linguists have always wanted to know about logic , but were ashamed to ask* 的经典之作(后由王维贤先生等人以《语言逻辑分析——语言学家关注的一切逻辑问题》为中文译名在中国出版)。此书的作者 J. D. 麦考莱(James D. McCawley)是美国著名的逻辑学家和语言学家,生前为美国芝加哥大学语言学系资深教授。此书第一版由芝加哥大学出版社出版于 1981 年,第二版是对第一版的改进和更新,出版于 1993 年。它是美国大学里逻辑学和语言学的必修课教材。此书篇幅长(译著就有 709 页),难度之大,内容和信息海量,概念和理论深奥复杂,论述与例证专业性强,语言表达精练严谨,非常人所能看懂。对于我这个毫无逻辑学背景的门外汉来说,尽管还算是英语科班出身,但也无异于如捧天书,未读先晕。以下这段话是从网上看到的美国芝加哥大学师生对麦考莱教授的评价,其人品和学术成就,可见一斑:

Jim was the teacher, colleague, and friend of many people in linguistics who admired him greatly for his deep humanity and decency, his intellect, and the wide spectrum of things he loved and loved to share. He was the Andrew McLeish Distinguished Service Professor of Linguistics and East Asian Languages at the University of Chicago, and a scholar of an enormous range of subjects, including "syntax and semantics, Chinese, Japanese, Spanish, and miscellaneous other subjects, ranging from writing systems to philosophy of science," as he put it.

　　一开始,我们先通读本书英文原文。王维贤先生是当年中国大学哲学教育系毕业的高才生,后在清华大学和燕京大学哲学系、北京大学文科研究所肄业。他从 20 世纪 50 年代起就从事逻辑学和汉语教学与研究。开设这一逻辑学课程,真是非他莫属!王维贤先生极其耐心、细致、逐字逐句地给我们解释逻辑学的术语、概念和推理,让我们慢慢进入这一既抽象又充满智慧的象牙塔,领悟其中的哲理和奥妙,也常会有醍醐灌顶、茅塞顿开之感。有时,为了确认个别英语用词的精确含义,王维贤先生也会不耻下问地征求我的意见,我们一起推敲、琢磨,充分体现了王维贤先生的谦虚、谨慎、实事求是的学术之风。

　　半年之后,大家终于啃下了这部砖头般厚的学术巨作,获益巨大。我从一无所知到大致明白,有所领悟。对自己的逻辑思维和推理、思辨能力都是一个螺旋式的上升和前所未有的飞跃。真心感谢王维贤先生开设该课程,让我们都大涨了知识!本课程结束时,大家决定小试身手,分工合作,把这本英文专著翻译成中文。我分到两篇序言、第三章"命题逻辑 I:句法"、第八章"类别,类型和种类"。其他几位合译者有:丰华文翻译了第一章"逻辑的对象";徐颂列翻译了第二章"谓词逻辑 I:句法",第十一章"模态逻辑",第十二章"可能世界的运用";杨学渊翻译了第四章"命题逻辑 Ⅱ:语义学",第五章"集合论插说";王继同翻译了第六章"谓词逻辑Ⅱ:语义",第七章"谓词逻辑的进一步探讨",第十三章"多值逻辑和模态逻辑";黄华新翻译了第九章"语言行为和含义";周武萍、何桥翻译了第十章"预设";陈月明翻译了第十三章"多值逻辑和模态逻辑";王维成翻译了第十四章"内涵逻辑和蒙塔古语法"。大约半年到一年的时间,我们向王维贤先生交上了译稿,这可是一场"真枪实弹"拼实力的奋战,我基本上都是用晚上的时间,通宵达旦赶出来的,因为白天要上课、授课以及参加各种活动,尤其是对外汉语教学这一块,校方安排的活动特别多!其间还包括带着留学生们去黄山、西安、北京旅游。能在这么紧张、繁忙的工作日程中完成我所负责的这两章翻译任务,而且是有高难度的专业内容,现在想想都不敢相信当时自己有多厉害!

　　当然,在整个翻译过程中,我们遇到困难,都是直接请教王维贤先生的,这也给王维贤先生增加了不少工作量。但王维贤先生总是耐心讲解,有问必答,从不厌烦。相信这个班上所有的人都会一致认同王维贤先生是世界上最耐心、最平易近人的师长。王维贤先生德高望重，言谈举止文质彬彬，光明磊落，虚怀若谷。这一切都是大家有目共睹、有口皆碑的。

对我个人来说，王维贤先生是我学业上的指路明灯。在他的研究生班上，我比较系统地补上了汉语语法和语言逻辑方面的课，学到了很多在外语系所学不到的知识和科研技能。尤其是撰写汉语论文。在王维贤先生的鼓励和指导下，我把我在外语系用英语写的论英语语序的硕士论文重新梳理后，终于写出了一篇用系统功能语言学理论研究汉语语序的论文，这在当时也算比较前沿（因为当时汉语界尚未与系统功能语言学理论接轨），领风气之先，颇有创新之意。因此该文被收入浙江省语言学会编的《语法修辞探新》（1987）一书，这也是我所正式发表的第一篇汉语研究方面的学术论文，代表了我在汉语研究的学术之路上迈出的第一步。此文后来荣获 1987 年北京大学"五四"青年学者优秀论文奖一等奖，真是不胜荣幸！可以说，王维贤先生是领我走上汉语研究的第一人。

同年，我决定报考北京大学英语系胡壮麟先生的博士研究生。跟王维贤先生提及后，他非常支持，并且非常热心、诚挚地把我介绍给在北京的社科院语言研究所《国外语言学》杂志总编赵世开先生。赵先生是赫赫有名的当代语言学家、社会科学院研究员。他精通英语，学贯中西，尤其是国内外语言学理论。他率先把乔姆斯基的"转换生成语法"介绍给中国读者，著有《美国语言学简史》一书（赵世开，1989），并熟知国内语言学界的知名学者和领军人物。他把我介绍给了当年北大英语系主任、国内系统功能语言学倡导者胡壮麟教授，从此开启了我的系统功能语言学和汉语研究之学术旅程。我有幸在当时的《国外语言学》顶级杂志上发表了我的第一篇关于韩礼德系统功能语法的语篇理论的评介文章。（周晓康，1988）后来又陆续在此刊物（后改名为《当代语言学》）上发表过几篇文章，如关于系统功能语法的及物性系统和汉语研究的论文（周晓康，1999）和有关美国语言学的评论。（Sidwell、周晓康，1996）

可以说，没有王维贤先生的引荐，就不可能有我后面的在这一学术领域的扬帆远航。

1987 年秋，我考上北京大学英语系博士研究生，师从胡壮麟教授。王维贤先生为我高兴,由衷祝贺。他又满腔热情地把我介绍给北京大学中文系的王力先生,并亲笔写信,让我前去拜访王力先生时随身带上,顺便转达他对王力先生的问候。我深知这是王维贤先生对我的关爱和提携,便从内心立下誓言,此生定要发奋学习,绝不辜负先生的期望和培养。

到了北大之后,我恭恭敬敬地前去拜望王力先生,奉上王维贤先生的亲笔信。王力先生也很高兴,当时就跟我讲了他和王维贤先生在北大的交往,以及他们那个时代的故事。王力先生对王维贤先生的评价很高,让我也无限崇敬,引以为豪! 然后,王力先生也热心地把我推荐给了北大中文系的朱德熙、叶蜚声和徐通锵先生,让我去听他们的课。这就是后来我在北大上学的故事了。

1989 年 11 月,我从北大来到澳大利亚的墨尔本大学继续攻读我的博士学位,和王维贤先生还是保持联系的,每年都会记得给他寄圣诞卡和送上新年祝福。1995 年我第一次回国,特意到杭大中文系去拜访了王维贤先生,那时他还在汉语教研室工作,给研究生们讲课。我们见面都很兴奋,久别重逢,往事如烟,谈笑叙旧。2006 年,我带着儿子去王维贤先生在体育场路的寓所看望他们全家,听丰老师讲了很多丰子恺的故事,如同家人团聚,其乐融融! 2008 年,北京奥运会,我又回国一次,再次去探望了王维贤先生。那年他显得消瘦,但依然精神矍铄。没想到这次见面成了我们的最后一面! 第二年王维贤先生驾鹤仙去,老同学施建基发来的噩耗,令我悲恸欲绝! 王维贤先生和我们之间,不仅是师生之情,更是像忘年交的朋友、亲人,他是我们最尊重的长辈,人生楷模! 这不能不让我有痛失亲人之感! 这些年来,我一直坚信:先生在精神上依然健在,他永远和我们同在。

最近,在 2022 年国际韩礼德研究会的主旨发言中,我列举了自己在那段岁月里所发表的学术论文,其中提到了一本题为《继承与创新》的纪念文集(邵敬敏,2000)。这本书让我睹物思人,感慨万千。那是 20 世纪末(1999 年 12 月 31 日)我们的大师兄邵敬敏教授主编的、为了纪念王维贤和倪宝元两位先生教学科研 50 周年的论文集,本世纪初(2000 年 4 月)由浙江教育出版社出版。我的那篇《现代汉语"是"字句的语义功能及历史演变》也被收录于其中。那是从我的博士论文(Zhou,1997)中提炼出来的,可以算是向王维贤先生交的一份作业,回报他多年来的谆谆教诲和指导!

今天,凑巧的是,另一位杭大老同学施建基给我发来了"王维贤先生百年诞辰纪念群"的邀请。加入之后,看到了几张无比珍贵的照片,那是当年与王维贤先生、倪先生在杭大校园和西湖曲院风荷的合影。照片中有研究生们的合影,也有中文系教研室老师们的合影。青葱岁月里的帅哥靓妹,如今看来,仿佛时光倒转。真是岁月如流!

以上拉拉杂杂地写来,往事历历在目。特此纪念王维贤先生百年诞辰,感谢师长培育之恩。

2022/12/15 于墨尔本伊丽莎山庄

参考文献:

麦考莱,1998,《语言逻辑分析——语言学家关注的一切逻辑问题》,王维贤、徐颂列等译,杭州:杭州大学出版社。

邵敬敏主编,2000,《继承与创新——王维贤、倪宝元教授教学科研 50 年纪念文集》,杭州:浙江教育出版社。

赵世开编著,1989,《美国语言学简史》,上海:上海外语教育出版社。

浙江省语言学会编,1987,《语法修辞探新》,杭州:浙江教育出版社。

周晓康,1988,《韩礼德的〈语篇和语境〉简介》,《国外语言学》第 2 期,第 66—71 页。

Sidwell,Paul、周晓康,1996,《评两本评价美国当代语言学的书》,《国外语言学》第 2 期,第 26—28 页、封四。

周晓康,1999,《现代汉语物质过程小句的及物性系统》,《当代语言学》第 3 期,第 36—50、62 页。

Zhou, Xiaokang. 1997. *Material and Relational Transitivity in Mandarin Chinese*. PhD Thesis. The University of Melbourne, Australia.

历历在目 师恩难忘

浙江大学文学院 池昌海

时间过得真快,今年已是王维贤先生百年诞辰。距离王维贤先生离我们远去也已经过去了 13 个春秋。多谢师门召开这次纪念活动,让我们有机会再次相聚、回忆。每每想起和先生相处的点点滴滴,都感慨不已。

我是 1987 年考入原杭州大学读现代汉语专业硕士生的。在复试之前,早已耳闻王维贤先生的大名,拜读过他的论著,心向往之,但无缘见识,限于当年的条件和观念,连电话和通信联系也从未有过。记得是那年的 3 月份,我是在东一教学楼 6 楼的现代汉语教研室进行的复试。复试内容已经忘记了,但王维贤先生的清癯严肃与倪先生的慈眉善目,都给我留下了非常深刻的印象。秋季入学以后,开始了我们三年的硕士生学习生活。从那时到如今也已经 35 年了,真是岁月太匆匆。听了前面学长们的深情回忆,很是感动。恕我愚笨,不善表达,学业也少见长进。既得忝列,这里也想说说觉得值得缅怀的两个方面的内容。

1 宽严相济,培育学子

王维贤先生身材瘦高,形象清癯,神情恬淡,不苟言笑,容易给人敬而难近的感觉。但在第一次去他家里上课(属于当时研究生的上课模式,除了公共课,专业课少有在教室进行的)之后,我们很快就改变了看法。那年共招收了方林刚和我两名现代汉语专业语法修辞方向的硕士生,导师为倪宝元先生。但两位导师合作无间、研究方向互补,在上课和专业指导上,我们总是兼而有获,王维贤先生成了我们实际上的副导师。记得那年秋天他给我们两个硕士生上"语法学"课(这门课前后历时数年,很有点开小灶的感觉)。这门课没有采用导师上课、学生听讲的常规教学方式,而是让我们读原著、谈看法,选择的是著名语言学家帕默尔的《语法》(*Grammar*),书不厚,但难度不小。先生先让我们各自承担一部分内容的翻译,然后分课次介绍自己翻译的内容,并展开讨论。在这一过程中巩固并考察了我们的专业基础、努力程度,同时也能提升我们的表达能力,还能培养彼此合作的精神。虽然我在大学四年中对英语的学习没有放松,曾获得安徽师大英语竞赛一等奖,但真啃起英语专业书来,并不轻松。所以这一学习方式,给了我们很大收获。同时,我还逐渐体会到王维贤先生在"望之俨然"之外,也有"即之也温"的一面。每次我们去先生家,他都早早地做好了准备,常问我们要喝什么?中间休息的时候,也会跟我们简单地聊几句,碰到高兴的时候,也会清朗地笑几声。特别是当我们报告所翻译的内容时,遇到译错、误说的时候,他并不责怪,依旧是用不紧不慢的语气,帮我们纠正,提示我们要注意什么。后来王维贤先生还给我们开了"语法理论"课,主要介绍转换生成语法学。和前一门课不同,这一门课则采用了他主讲、我们听讲,随后讨论的方式。在当时,转换生成语法理论还很陌生,虽然我们听闻过只言片语,但几乎没有更多的认识。正是在这门课上,我们领略了这一理论的面貌,以及这一理论系统所体现的形式特征和逻辑严谨的属性。现在回想起来,当时王维贤先生已年近七旬,仍然能站在学术前沿,拥有全球性专业视野,将最新的语言理论传授给我们。这不仅体现了他作为一位真学者的品格和执着,也让我们收获了宝贵的专业知识,还有锲而不舍的专业精神。当时作为学生,我只觉得获得的这些知识新鲜且充满魅力,现在回想起来,更是心生崇敬,越发钦佩,先生的高风亮节可谓景行行止。

2　满腔热忱,领护学科

王维贤先生是一位纯粹的学人,自接触那天开始,始终给我们这一印象。这个方面给我深切体会的有这样几件事:

第一件事是凭着自己的学术影响和道德魅力,出于对专业的热忱,先生自20世纪80年代起便领衔组织起杭州乃至浙江范围的语法学沙龙活动。这是一个纯学术性的、自发的活动,没有资金支持,也没有固定组织。但记得在王维贤先生精力还好的那些年,活动都能定期举行。前辈学者还如张学成、陈宗明及卢曼云、刘云泉等积极参与,年轻学人如徐颂列、吴锡根、王继同、任海波、王明华、王维成等都踊跃参加。这一活动的氛围,即便放到今天看来,也是一大盛景,让我们受益良多、难以忘怀。因为这一活动本身不仅没有任何经济效益,组织者、主讲人等连应该有的酬金都没有,但活动依然举行,大家从各处奔波汇集,甚至还有外地的学人赶到杭州参与。回忆起来,怎能不让人喟叹! 很显然,这一活动得以举办和持续,王维贤先生作为核心人物的魅力和对专业无私的投入,是根本。说实话,作为后来者,除了由衷敬佩外,也很觉惭愧,因为这一传统未能获得发扬。这也是先生高山仰止的一个方面。

第二件事是对专业学科发展的热忱和关注。1990 年,我幸运地获得了留校任教的机会。当时王维贤先生虽已退休,但还继续培养研究生,时常到系、教研室走动。每次在东一 6 楼教研室碰头时,先生都十分关心学科的发展,询问每一位老师的近况,为后续的发展提出建议。王维贤先生卸任教研室主任后,随着任芝锁、施建基、王维成等得力学长的他就,现代汉语专业这一派生气勃勃的景象,很快便显得后劲不足了。此时,教研室由刘云泉老师及 20 世纪 90 年代初引入的郭克勤老师负责,陆续引进了资中勇等词汇学新人。先生当然为此高兴,但也希望我们加强语法、修辞等方面的研究,逐步引进更多新人。言语之间,颇显薪火之忧。浙大成立后现代汉语教研室和古代汉语教研室合并为汉语言研究所。开始几年,新人引进步伐不大。王维贤先生积极支持哲学系黄华新教授领衔语言学及应用语言学专业博士生招生,开创了现代汉语方向博士生招生和培养的先河,为这一专业的人才培养打开了通道。王维贤先生还不辞辛苦,亲自为学生讲课、指导论文写作,厥功难忘。与此同时,王维贤先生仍心心念念于新人的引进。2002 年积极引进了税昌锡博士,着力于汉语语义和语法研究。2005 年前后,硕士毕业后到国际教育学院工作的师弟彭利贞,脱产去复旦读博毕业。王维贤先生积极推荐,汉语所也很认同王维贤先生的推荐,克服多重困难,在学院等的支持下,接受了这一引荐。此两人的引入,为该方向的发展增添了力量(后因为多种因素,税昌锡赴暨南大学读博士后,进而转入贵州师范大学任教,很是遗憾)。由此可见,先生虽年事已高,身体也逐渐衰弱,但那份关注专业队伍发展的热忱与激情一直不减,为学科发展不断地添柴加油。最近几年汉语所陆续引进了陈玉洁、李旭平、罗天华、庄初升等几位更年轻的语法、方言研究学人,队伍渐趋齐整,或可告慰于先生之期盼了!

第三件事是对我们编写教材的大力支持。2003 年因学校本科课程建设需要,所里我及税昌锡、资中勇加上国教院的张航这几个年轻人承担了"语言学基础"课教材《现代语言学导论》的编写,很快该项目又获得"浙江省高校重点建设教材"课题的立项。初稿编写好后,我们想如果能得到王维贤先生的支持就好了。记得是在当年春节前的一个下午,我怀着忐忑的心情敲开王维贤先生的家门,他依旧是温和地把我引进。坐下后我跟他汇报了教材编写的来龙去脉,最后表示想请他帮我们把关审核初稿。出乎意料,王维贤先生一点迟疑都没有,先是肯定了我们的思路,接着答应会尽快帮我审核。除了意外,就是感动。现在想想,当年王维贤先生已经是 81 岁高龄了。尽管当时先生还是精神矍铄,少有疲惫神态,在我们心里,年龄的变化似乎并未给他带来太多影响。但回头看看,我们当时提的要求真是不应该。寒假过后,我在给倪师母拜完年后,到楼上给王维贤先生和师母拜年。很高兴,我拿到了先生耗费不少时日和精力审订好了的稿子。稿子上很多页上都留下了先生用铅笔作出的修改,包括一些标点符号错误也标示了出来,有不少地方还提出了修改意见。足见先生对专业的严谨态度和责任感,多么可贵、可敬! 这体现出了一位学者长辈对晚辈不遗余力的扶掖。该教材于 2004 年由浙江大学出版社推出第一版,本来是作为校内课程项目建设的用书,但发行后颇受欢迎,很快为国内其他多所高校采用,多有意外。

我想,王维贤先生付出的心血对确保乃至提升《导论》质量起到了很大的作用。更让我们高兴的是,该教材在 2006 年即被教育部评为"普通高等教育'十一五'国家级规划教材"(当年全国共有 7 本教材获评)。

当我把这个消息告诉先生时,他非常高兴,并笑着说:"好,好,不容易!"我们每一位编者都知道,这份收获,也饱含着王维贤先生许多的心血和期待。在2007 年修订第二版时,我们又请王维贤先生为教材赐序,同样得到了先生的许允。王维贤先生不吝赞许,将教材的新意概括成四个方面:对语言本身作了系统介绍;特别注意语言运用的各个方面;专列一章介绍各主要语言学流派;不拘门户和流派,吸收最新的研究方法和成果。

先生的序言,为我们的教材增光添彩,令我们感激不已。回首往事,怎么不感慨万端。年届耄耋,依旧不辞辛苦,欣然提笔赐序,以他那深邃的学术眼光和数十年的育人精神,一次又一次地鼓励、扶持我们,是因为他有一直青春不衰的学术生命,还有并未随着年龄增大而丝毫减色的智慧和热忱,更有一颗全心全意为专业发展和年轻人成长而助力加油的拳拳之心!

先生之恩,山高水长;点点滴滴,没齿难忘!

2022 年 12 月 于紫金港

怀念王维贤先生:致那份谦逊、微笑与宽厚

浙江大学哲学学院　　金　立

记得多年前黄华新老师就跟我说起过好几遍"王维贤先生的百年诞辰纪念活动要好好办一下,你要写篇纪念文章"。这事就一直记在了心里,不仅因为我是浙江大学(原杭州大学中文系)现代汉语专业的硕士和语言学及应用语言学专业的博士,更重要的是,王维贤先生从我读博到后来的整个学术生涯中指导我太多,可说可写的也太多。准确地说,从博士论文撰写到晋升副教授再到晋升教授这几个关键点,都有着王维贤先生直接的关心与支持。

可是,当我提笔想写的时候,却迟迟不知道如何开始。是因为记忆模糊了吗? 不是! 王维贤先生那和蔼可亲的笑容,清瘦白皙的身形、娓娓道来却充满洞见与智慧的话语,还有与丰老师相濡以沫的默契……历历在目,怎能忘记? 尤其在喧嚣与浮躁的今天,格外清晰而生动。这些美好的记忆,我想不仅属于我,也属于大家,是老一代学者的形象表征,温润如玉,使人如沐春风。可是,貌似这不是我认为我想要的方式,能否找到一个更独特、更有着"我"的在场感的方式呢?

我想,阅读一个人的文字就是对他最好的纪念。文字显现的是一个人对待生活、对待事物的态度以及他的精神气质,故文如其人也。在一个人的文字里,我们可以看见真实的他、整体意义上的他,以及永恒的他。如果这段文字又是与我有关,那自然就又多了一层意义。事实上,多少次当我想起王维贤先生时,就是去打开电脑,找到他为我写的文字,读的过程就是回忆的过程、缅怀的过程、感恩的过程。一段不长的文字就像湖中的一个亭子,作为中心勾连了那些事、那些人、那些记忆,从而建构了一个完整的故事,思绪与情感由此绵延。

　　幸运的是,我有着这样的文字。我想用它真实地还原当年的王维贤先生以及我自己。一则是王维贤先生为我的第一本专著《合作与会话——合作原则及其应用研究》写的序言。那时他已经 83 岁高龄。找王维贤先生写的一个重要原因是,这本书是对我的博士论文的扩充,而博士论文的选题和写作均得到了王维贤先生的悉心指导。印象很深的有两点:一是他很重视国外理论的本土化研究;二是他反复强调跨学科研究。这两点,在序言里也清晰体现了,不得不承认,过去了将近二十年,本土化和跨学科不正是目前研究的主流态度和重要方法吗?先生前瞻性的学术眼光和开阔的学术视野令人心生崇敬。另一段文字是我的另一本专著《面向信息处理的汉语句子的逻辑分析》的后记。不夸张地说,这本书就是在王维贤先生的鼓励下完成的,写序是说好了的事,遗憾的是,当我完成书稿的时候,王维贤先生离开了我们,而那时我正在旧金山。

　　下面附上王维贤先生为我的第一本专著所作的序言:

　　　　在我们集体翻译生成语义学主要成员之一麦考莱(J. McCawley)的《语言逻辑分析》的时候,记得麦考莱说过这样一句话:"大多数写过有关语言著作的哲学家不懂语言学。"这可能是开玩笑,也可能是讽刺。作者在主语前加上"大多数"这个限定语,说明有些哲学家在讨论语言的时候,是懂得语言学的。作者在本书的另一个地方就引过莱可夫(G. Lakoff)的看法,莱可夫认为奥斯汀(J. L. Austin)虽然是哲学家,但是他研究语言的时候是真正的语言学家。在语言研究中还有一位哲学家格赖斯(H. P. Grice),他提出的"合作原则"和"会话含义"理论,同奥斯汀的"言语行为"理论一起,促进了"语用学"的研究,开阔了语言学研究的领域。现代哲学家提出的这两个理论,成为了语用学的重要话题。凡是讲语用学的,没有不把这两个理论作为主要内容来讨论的。学科之间的交互影响,交叉学科的研究与发展,正是当前学术界的重要趋向之一。

　　　　金立博士这本关于"合作原则"的著作,有三个值得重视的特点。

　　　　第一,作者对"合作原则"作了更切实的界定,并特别强调了"质准则"和"态度准则"的重要作用。这一方面体现了"合作原则"原有的以交际中的"命题"为中心的原则,又表现了作者重视交际中"态度""情感"的重要性。这一点是很重要的。言语交际时如果不注意"情感"因素的作用,就很难实现"成功交际"。重视情感因素在交际中的作用是对成功交际的一个重要补充。这既是东方思想的体现,也是文学对科学的贡献。

第二,本书选用了大量生动的汉语例子说明她所阐述的理论,这体现了本书用外来理论解释汉语问题、用汉语实际丰富外来理论的正确研究态度。作者还采用了实证调查和统计分析的方法说明"合作原则"在大学生等现实生活中的运用和体现,这在语言学的研究方法上作出了有益尝试。

第三,本书把语用学的两大话题"合作原则"理论与"言语行为"理论结合,起来从"合作原则"理论出发,探讨了"合作原则"在语谓、语旨和语效中的运用和表现,分析细致,论证严明,不但扩大了"合作原则"的解释能力,而且从交际的角度说明了语旨合作和语效合作得以实现的条件,使二者有机结合起来,进一步扩大了"合作原则"的解释力。

就我所知,金立博士的这本书是汉语出版物中的第一本专门讨论"合作原则"的专著,全面讨论了有关"合作原则"的种种问题,为今后进一步探讨这一问题做了"奠基"工作。筚路蓝缕,不免有所疏漏。但首创之功是非常难能可贵的。

王维贤

2005 年 7 月 11 日 杭州

我在这本专著的"后记"中,记录了王维贤先生对我的学习与研究的关心与指导,现摘录如下:

记得在 2006 年的一个夏天,我怀着忐忑不安的心情叩开了王维贤先生的家门。我说:"我想带着学生一起把现代汉语的基本句子用逻辑工具分析一下,可是不知道行不行,感觉很难。"接着,我把我不成熟的打算简单讲了一遍。他耐心地听着,总是那样微笑着。"这是一个非常好的点子,可是你们为什么会想到做它?"关于选题的缘由我本身就有思考,于是不假思索地回答:"一方面立足于本身有语言学的背景,从事语言逻辑的研究是一个比较恰当的转型;另一方面考虑到学术研究的延续。因为从您和陈宗明老师开始,到徐颂列、黄华新等老师,浙江的逻辑学界就有了语言逻辑的研究基础并在全国形成了较为显著的影响。为此,我们选择了这个问题。"王维贤先生点点头,给出了三个具体的建议:第一,先从现代汉语的常规性单句开始,以后再研究特殊的句子和复句。第二,先重点解决几个问题,不能涉及太多;第三,要坚定信念,坚持下去总会有收获。王维贤先生语重心长的话语和他高瞻远瞩的学术眼光给了我信心和决心,由此,便开启了我们关于汉语句子的逻辑分析的研究之路。

我最要感谢的是王维贤先生,他的谆谆教诲理清了我们的研究思路,他的严谨治学帮助我们端正了态度,更重要的是,在我们犹豫困惑的时候,他给了我们信心和勇气。可是,就在 2009 年的 8 月,我还在美国斯坦福大学访学的时候,王维贤先生离开了我们,永远地离开了我们。

岁月如梭,回忆转深……

金立 于 2010 年 10 月

真的是岁月如梭,一晃离这段后记已经 13 年。怎能不回忆转深? 而当我们把所有的回忆像幻灯一样走了一遍后,时间、地点、具体的事与人都悄悄退去,浮现在记忆深处的是先生的谦逊、微笑与宽厚,超越时空而达成了永恒的存在,激励着后学前行。

永恒的感念

重庆师范大学中文系　方林刚

第一次知道王维贤先生，是大学本科毕业论文写作的时候。

我本科读的是淮北煤炭师范学院（现名淮北师范大学），中文系外聘了胡裕树（语法）、张斌（词汇）、濮之珍（语言学史）、许宝华（音韵学）等先生定期给我们授课，老先生们给我的启发让我对现代汉语产生了很大的兴趣。读了些语法书，为解疑惑，我最终选定的本科毕业论文题目是"《马氏文通》'词'与'次'"。

查阅资料时，我搜到一本《杭州大学学报》，1963年第2期有王维贤先生的讨论同一问题的文章，拜读之后茅塞顿开，读《马氏文通》时的困惑也消除殆尽，同时也对王维贤先生产生了极大的钦佩之情！当时就想，老先生的文章真豁亮，条分缕析，一丝不乱，对英文基本概念的解释分析鞭辟入里，恰到好处地论证自己的观点，对马建忠设立"词"与"次"初衷的推论也极为合理而严谨（当时之所以就认定是"老先生"，是因为该论文发表于1963年，而我也出生于1963年）。

疑惑解开后，我曾一度想另选题目。我把自己的想法告诉指导老师后，指导老师说你有了很多的前期准备，现在换题目，仓促了些，更何况本科毕业论文只是初步检验你的读书情况和写作论文的基本能力。结果，我的毕业论文几乎局部照搬了王维贤先生的结论。

研究生报名时，杭大的招生简章上王维贤先生的大名赫然在列，我顺理成章报考了杭大。

有一次，在系资料室我遇到了王维贤先生，跟他说参考过他的论文写毕业论文的事，先生似乎很吃惊，还说了还可以再讨论之类的话。这种精益求精的治学精神真让我感佩!

王维贤先生给我们上的课主要是语言学原著选读。所选内容是帕默尔的《语法》(*Grammar*)。每次我们先串讲,先生再归纳和总结。上课的只有池昌海和我。昌海英文好,翻译得头头是道,我的翻译往往驴唇不对马嘴,不知所云。但先生从未批评过我。期末的成绩昌海 88 分,我还得了 82 分。我很赧然,我知道,要是凭翻译的实际情况,昌海 88 分,我应该很难及格的。但先生没有这样做,可能是出于鼓励吧。这件事对我影响很大,在我自己的教书生涯中,对学生都一律采取鼓励的态度;即使要批评,也心平气和,不说重话。

有一次,《语文建设》期刊的编辑到杭大组稿。王维贤先生让同学们都参加。那是第一次见王维贤先生说比较重的话,内容大概是关于学界弊端,年轻人文章难发之类。这次经历让我知道了先生对学生和对别人是"内外有别"的:一是平心静气的慈父,一是正义严谨的学者。

1999 年,参加王维贤先生和倪宝元先生从教五十周年纪念活动,去看王维贤先生,得知我还带了礼物,先生露出嗔怪的神情。谈到我学业无成,职称尚未解决等问题时,先生也叹了口气,让我慢慢来,让我放下包袱,平衡好生活和工作。如今我也已经退休(因为中学的一个信息表上把出生年月误填成了1962 年),生活满足,时时感念对我影响很大的王维贤先生!

点滴的记忆汇成感念的长河,永不枯竭!

愿先生在天堂安好!

纪念爷爷

浙江大学环境与资源学院　丰　睿

各位领导、各位来宾、各位老师,上午好!

今年是我亲爱的爷爷王维贤先生 100 周年诞辰。

很荣幸能参加今天在此举行的纪念我爷爷百年诞辰的学术研究会。在这特殊的日子,请允许我代表家人感谢举办这次纪念会的浙江大学中国语文研究中心、浙江大学文学院、浙江大学国家语言文字推广基地、浙江大学古籍研究所、浙江大学语言与认知研究中心、北京大学中文系、暨南大学文学院等单位。同时,感谢为会议付出辛勤工作的老师,感谢不辞辛劳、特意赶来出席会议的各位师长以及因故不能参会却发来许多珍贵照片资料的老师们。

爷爷出生在北京的一个殷实家庭,从小受到良好的教育,中学毕业于著名的北京四中,后就读于燕京大学哲学系与文学系。新中国成立前,他中断了即将毕业的研究生学业,追随自己的恩师——戊戌变法时期著名的思想家、翻译家、教育家严复的后人严群先生,从北京来到了美丽的西子湖畔,从此开启了他一辈子视为崇高而又神圣的教育事业,耕耘于三尺讲台。他治学严谨,潜心研究,诲人不倦。他与我奶奶相濡以沫、相扶相携,走过漫漫人生路,在各自的领域取得了不凡的成就。他们就是我心中的明灯,照亮了我的人生之路。

感谢彭利贞、邵敬敏、黄华新、池昌海、徐颂列、王建华、王明华等教授,以及屈美辰同学,专门建了一个"王维贤先生百年诞辰纪念群",我有幸加入其中,不断刷屏群里老师们撰写的纪念、回忆文章,翻阅着一张张虽然泛黄却十分珍贵的照片,还有老师们特意为此次会议发来的墨宝和诗词作品。尤其是刚才听了前辈们的讲话,我对爷爷的学术造诣、矢志不渝的追求、兢兢业业的工作有了一个更立体、更全面、更生动的了解。我多么希望时光倒流,呈现在眼前的还是他与老师和学生们正在切磋学问,正在讲逻辑学、语言学的场景。今天这么多老师莅临会议来纪念他,此情此景,除了感动感激之外,更多的是感受到了这份浓浓的师生情,拳拳的桃李意,它经过岁月的沉淀,愈久而弥坚。此情此景,让我思绪万千,思念的潮水不断向我涌来,欲罢而不能。

爷爷离开我们整整 13 年了。这些年来,我常常在思念他,回忆他,甚至梦见他。爷爷那慈祥、宽厚而又平易近人的形象不曾远去。是爷爷的循循善诱和谆谆教导,让我从一个懵懂无知的孩子成长为一个成熟青年。他引导我树立人生的目标,鼓励我迎接各种挑战,教会我正确的学习方法,教育我对待生活的态度。生活中的爷爷随和简朴,可亲可爱。尽管年纪大了,但对新鲜事物的好奇心和兴趣一点不亚于年轻人。当年刚兴起的计算机办公,他竟无师自通,用得娴熟而又顺溜,他与时俱进,开放而不保守,善于倾听和沟通,对年轻人奇奇怪怪的想法包容而又理解,因此,我与爷爷之间没有代沟,没有违和感。他是我的良师益友,在他爱的沐浴下我快乐地成长。

这一切的一切,仿佛就在昨天,让我受用终生。我无时不在感恩他、景仰他。随着时间的辗转,这种情愫挥之不去。"一缕思念寄夜雨,两世重隔眼朦胧。""十年生死两茫茫,不思量,自难忘。"我不曾忘记,在孩提时代,爷爷多次鼓励我长大后立志搞科学研究,为国家的科学事业尽一份力,以此实现人生的价值和意义。爷爷的期盼是我前进的动力,激励着我朝着这个方向前行。

2016 年,我硕士毕业回国后进了一家世界五百强的央企研究院,工作舒适,生活安逸,似乎找到了人生的归宿。但每当想起爷爷的嘱托,想到他对我寄予的厚望,总是若有所失。因此,2017 年,我毅然辞去了工作,考入浙大环境领域攻读博士研究生。可以告慰爷爷奶奶的是,我一直以他们为榜样,用浙大校训——"求是创新"勉励自己,取得了一定的成绩。攻读博士学位期间,我赢得了国家奖学金、中国"互联网＋"创新创业大赛银奖、浙江省"互联网＋"创新创业大赛金奖、第一届浙江大学"三好杯"英式橄榄球赛校冠军,获得了浙江省优秀毕业生、浙江大学优秀研究生等荣誉称号,入选"西湖英才计划",作为主编之一编撰并出版了 600 余万字的书籍。2021 年,我被选为西湖区侨联委员、杭州市侨联代表。2022 年,我入选西湖区政协委员、西湖区十佳杰出青年、杭州市青年人才大使,为社会贡献出我自己的一份力。

　　2021 年 3 月，我被清华大学和浙江大学同时录用为博士后，究竟是选择清华还是浙大，这幸福的烦恼让我纠结过，彷徨过，犹豫过。出乎大多数人的意料，我最终仍然选择了浙大。因为浙大是爷爷奶奶长期工作和生活过的地方，这里留下了他们的青春和足迹，承载了他们对我的希冀。我也会像爷爷所希望的那样与时代同频共振，用科研报国作为自己的使命。这样，我才能告慰爷爷奶奶！我想，他们一定会为我的选择而欣慰和自豪的。

　　今天在这里召开我爷爷的百年诞辰学术研究会。用这样的方式来纪念他，缅怀他，爷爷一定看到了，听到了，他一定会含笑九泉。

　　亲爱的爷爷，您从未离开过我，您永远活在我的心中。

　　谢谢大家！

2022 年 11 月 11 日　于杭州华北饭店

王维贤先生在语言逻辑领域的建树

——在王维贤先生百年诞辰纪念会上的致辞

中国社会科学院、中国逻辑学会　邹崇理

各位领导，各位专家学者，老师们，同学们，大家上午好！

我很荣幸受到浙江大学和黄华新教授的邀请出席王维贤先生百年诞辰的纪念会。

王维贤先生是中国语言学界和逻辑学界德高望重成就斐然的老前辈。曾讲授过现代汉语、语言学概论、普通逻辑等基础课，也教过汉语语法学史、汉语语法论文选读、现代汉语语法专题、语法理论、当代语言学转换生成语法等研究生课程。退休后还为汉语言文字学专业、语言学及应用语言学专业博士生和硕士生讲课。王维贤先生为我国的语言学事业培养了大批高质量的后备军，如当今活跃在学界的袁毓林教授和邵敬敏教授，他们延续传承了老师把语言学和逻辑学融为一体，进行跨学科研究的传统。

王维贤先生基于逻辑的视角研究汉语语法，颇有学科研究的全局观。在《逻辑语言学和语言逻辑学》的著述中，王维贤先生把逻辑学和语言学的交叉学科分为逻辑语言学和语言逻辑研究。"语言"和"逻辑"，两者的联系源远流长根深蒂固。两者的位置换一下，意味着什么？这里面有很深的学问。我个人的领悟是：逻辑语言学是从句法角度，借鉴逻辑的工具来描述语言的句法生成，如乔姆斯基采用演绎的方法构筑的转换生成语法，蒙太古仿照逻辑系统的方式构造的自然语言语句系统。而语言逻辑学则更看重语义，从自然语言本身的语义特征出发去影响并创造新的逻辑理论，如从自然语言代词的回指现象引申出篇章表述理论 DRT 及其动态逻辑理论。自然语言大规模的真实文本有许多丰富多样的语义语用特征，这导致范畴语法的现代版本组合范畴语法及其树库的兴起。王维贤先生关于逻辑学和语言学关系的远见卓识对理解和把握当今时代逻辑和语言的跨学科研究态势的发展走向很有帮助，使我们后辈受益匪浅。

王维贤先生在逻辑领域尤其是语言逻辑领域建树颇多，我个人受益最深的是在20世纪90年代初出版的《逻辑百科辞典》中王维贤先生撰写的"语言逻辑"词条。王维贤先生撰写了"语形学（即句法学）""语形结构和语义结构""语言的系统性""语言的指谓性""语言的交际性""语言和言语""语言能力和语言活动"和"语言逻辑"等重要词条。特别是"语言逻辑"这样的3000多字的长词条，写得全面系统得体。从事一门学科的科学研究，掌握其学科的基本概念非常重要，这需要求助于权威工具书中的有关词条。当初我本人作为语言逻辑学的初入门道者，通过阅读王维贤先生撰写的上述揭示语言逻辑基本思想的重要词条，获得了很多启示，使我在后来二十多年的学术研究中有所收获。

吃水不忘掘井人，我们今天欣欣向荣的学术研究局面离不开王维贤等老前辈的开拓奠基工作。最后，预祝王维贤先生百年诞辰纪念会圆满成功！

谢谢大家！

王维贤先生对中国逻辑学的贡献

——纪念王维贤先生 100 周年诞辰

中国社会科学院大学/中国社会科学院哲学研究所　　杜国平

各位同仁,上午好!

今天,我们怀着十分崇敬的心情,纪念王维贤先生诞辰 100 周年。我谨代表中国逻辑学会,向王维贤先生致以崇高的敬意!

王维贤先生是我国著名的语言逻辑学家,他是中国语言逻辑的开创者、奠基者和研究者,他对中国逻辑学的发展做出了突出贡献。

先生对中国逻辑学的贡献,我们至少可以从如下三个方面来体会。

1　对逻辑学研究和普及的贡献

王维贤先生生于 1922 年,在北京完成大学学业之后,于 1948 年来到杭州,从事中学的语文教学工作,1956 年调到杭州大学之后,就开始从事大学的逻辑教学工作,给大学生开设普通逻辑等课程,为我国的逻辑学普及和人才培养长期辛劳,他的学生金立教授(浙江大学)等已经成为中国逻辑学研究的杰出学者。

王维贤先生在 50 余年的教学生涯中,持续进行逻辑学的研究。先生关于逻辑学的研究论著,据不完全统计,有 30 余篇(部);从 1960 年至 1999 年,跨越近 40 年。特别是先生 1988 年退休之后,仍然耕耘不辍。先生的逻辑学研究成果在同时代的学者中是非常丰硕的。

王维贤先生的逻辑学研究不仅在思想上富有创见,而且在方法上也多有开拓。在 1989 年的《逻辑语言学和语言逻辑学》中,先生把逻辑学和语言学的交叉学科分为三类,并把语言学家和自己的语言逻辑研究定位于逻辑语言学范畴。在《论"说"》中提出"说服"别人时考虑"听者"的"主观的语境"的重要性,把逻辑规律放在交际过程中来考虑,扩大了制约逻辑规律特别是论证规律诸因素的范围。王维贤先生的逻辑学研究的一个重要特色是将逻辑学的理论研究和中国语言分析进行有机的结合,开拓了语言逻辑研究的新领域。

2　对浙江大学逻辑学科点发展建设方面的贡献

在王维贤先生等人的努力之下,浙江大学逻辑学科薪火相传,凝聚、培养了一批优秀的逻辑学者,逻辑学研究团队不断发展壮大。今天,浙江大学逻辑学研究团队已经成为国内一流,并且具有国际学术影响力的优秀学术团队,该团队在黄华新教授的带领下继承并创新发展了王维贤先生等开创的语言逻辑研究特色,在认知逻辑、语用逻辑、经院逻辑、论辩逻辑、思维导图等其他方向也不断取得突破。王维贤先生参与开创建立的浙江大学逻辑学团队已经成为我国逻辑学学科建设的典范!

3　对中国逻辑学会的贡献

王维贤先生是中国逻辑学会的发起者和推动者。他是中国逻辑学会的创会理事,并连续三届担任中国逻辑学会理事。1988 年退休之后,还继续担任中国逻辑学会顾问,为中国逻辑学会的发展做出了突出贡献! 他参与创立逻辑与语言研究会,担任创会会长,其后又担任学术委员会主任,对中国语言逻辑的发展厥功至伟! 王维贤先生还参与创建中国逻辑学会符号学研究会。

20 世纪 70 年代末,改革开放的春风吹拂神州大地,学术界迎来了"科学的春天"。1978 年 5 月 15 日至 21 日全国逻辑讨论会在北京中央党校召开。

1979 年 3 月 5 日,来自全国 21 个单位的 25 位同志在广西桂林参加中文专业《逻辑学》教材讨论会,在孙煜的倡议下发起成立了中国逻辑与语言研究会。会上讨论、通过了会章,选举了研究会的领导小组,王维贤任组长,李先焜、孙煜任副组长。中国逻辑与语言研究会是在中国逻辑学会建立前成立的第一个逻辑学分支研究团体，它的成立对中国逻辑学会的建立起到了积极的促进作用。

1979 年 8 月 23 日至 29 日，中国社会科学院哲学研究所在北京通县召开第二次全国逻辑讨论会，会议通过了《中国逻辑学会章程》，成立了中国逻辑学会，王维贤先生当选为首届 45 名理事之一。1983 年和 1987 年，中国逻辑学会召开第二次、第三次会员代表大会，王维贤先生均再次当选为 45 名理事之一。1988 年王维贤先生退休，1993 年 1 月 9 日，中国逻辑学会召开在京常务理事会议。会议决定，聘请王维贤先生等人为中国逻辑学会顾问。

1979 年 8 月 23 日至 29 日，逻辑与语言研究会召开了第二次会员代表大会，与会代表一致同意将原来的领导小组改名为理事会并选举产生了逻辑与语言研究会第一届理事会及其领导成员，王维贤先生当选为会长。

1981 年 2 月，中国逻辑学会逻辑与语言研究会主办的《逻辑与语言学习》创刊，王维贤先生任杂志社社长。

1986 年 6 月 1 日至 7 日，中国逻辑学会逻辑与语言研究会在河北承德召开会员代表大会暨学术讨论会。会议期间选举产生了第四届理事会，理事会聘请王维贤等 13 人为学术委员，王维贤任学术委员会主任。

1988 年 8 月 2 日至 3 日，中国逻辑学会符号学研究会筹备会议在浙江温州召开。会上成立了由李先焜、王维贤、陈宗明组成的中国符号学研究会筹备组。会议决定 1989 年 9、10 月在北京召开符号学讨论会，正式成立中国逻辑学会符号学研究会。

今天，语言逻辑和符号学两个专业委员会是中国逻辑学会两个重要的专业委员会，这是先生留给中国逻辑学会宝贵的学术遗产。

王维贤先生离开我们已经十余年了，先生的学术和风范，将时刻激励我辈自强不息、厚德载物，为中国逻辑学科的发展砥砺前行！

谢谢各位！

2022 年 11 月 9 日

王维贤先生语法思想的逻辑结构

暨南大学文学院　　赵春利

提　要　精研并汲取王维贤先生语法论著中的理论精髓是在学术传承上纪念王维贤先生百年诞辰的应有之义。本文按照时间先后并根据主题分类及其逻辑关系,逐渐厘清了王维贤先生语法思想的发展脉络和逻辑结构。王维贤先生在吸收传统语法、描写语法,特别是生成语法和认知功能语法思想的基础上,以语法学为研究对象,以逻辑学为研究工具,建立了以层次体系为认识论、客观反映为本体论、抽象生成为目的论和蕴涵辩证为方法论的系统完整的语法思想逻辑结构。这一语法思想体系对汉语语法研究特别是逻辑学视角的语法研究产生了极其深远影响。

关键词　王维贤;逻辑结构;层次体系;蕴涵辩证

> 谦谦君子祭百年,音容笑貌如眼前,
> 燕京本硕学哲学,毕业建国落临安!
> 中学七载教语文,浙师杭大攻语言,
> 形式意义寻认知,研究方法蕴思辨!
> 生成理解重功能,逻辑引入著经典,
> 句法语义合语用,醉心复句解新篇!
> 语法逻辑与教育,三界弟子皆擎天,
> 一生儒雅为学术,清贫高洁胜幽兰!

纪念王维贤先生诞辰百年,精研王维贤先生的经典论著,就是要重温王维贤先生的研究历程,熟谙王维贤先生的语法体系,汲取王维贤先生的思想精华,赓续王维贤先生的学术事业,弘扬王维贤先生的精神风范。

按照时间先后研读王维贤先生的学术论著,根据主题分类及其逻辑关系进行梳理,就会逐渐厘清王维贤先生语法思想的发展脉络。从整体上看,王维贤先生在吸收传统语法、描写语法,特别是生成语法和认知功能语法思想的基础上,逐渐形成了以"语言是有层次的体系"这一认知为认识论、以"语言反映客观事物"这一唯物主义哲学理念为本体论、以"研究语言的生成与理解"为目的论、以蕴涵辩证的逻辑学为方法论的语法思想体系。下面将从认识论、本体论、目的论和方法论四个角度分别勾勒出王维贤先生语法思想的逻辑结构。图 1 较直观地展示了王维贤先生语法思想的逻辑结构。

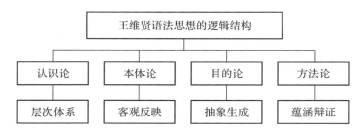

图 1　王维贤先生语法思想的逻辑结构

1　层次体系认识论

作为一个哲学概念,认识论是关于事物知识的理论,那么,从认识论角度看,王维贤先生关于语言知识的基本认知如何呢? 根据王维贤先生的论著,可以发现,王维贤先生不仅从语法理论上直接阐释"语言是具有层次的体系",而且还从汉语语法的研究实践上得出了具有层次性和体系性的结论。

第一,在语法理论上,王维贤先生一生秉持层次体系说。早在 1962 年的《言语三论》中,王维贤先生(1962)就从认识论角度非常明确地提出了语言的体系性与层次性,即"语言是一种符号体系,一种由相互联系着的不同级层构成的体系,每一个级层又都由各自的单位及单位结合规律构成的体系构成。简单地讲,也可以说语言是一种语音、词汇、语法的体系"。在 1984 年王维贤先生(1984)在解释难以分析的句子时仍然坚持认为:"从原则上讲,语言是一个体系,句子是按照系统的句法规律构成的",要"认识句子的层次性"。到了

1995 年，王维贤先生（1995a）在论述语言和句法的三个平面时认为"现代语言学奠基人的索绪尔首先明确提出'语言是一种表达观念的符号系统'"，可见，王维贤先生认识论中的体系思想是以索绪尔的符号系统论为基础的。直到 2001 年，王维贤先生（2001）还在论述"规律寓于言语之中"时从动态辩证的角度论证了"语言是一个开放的复杂的符号系统"，并从开放性、复杂性角度深化和丰富了层次体系内涵。

第二，在语法研究实践上，无论是句法、语义还是语用层面，王维贤先生总是把语言规律的层次性和体系性展示出来。

一看句法，王维贤先生（1991a）把句法分析的三个平面称为存在递进蕴涵关系的"句法平面、句法语义平面和句法语义语用平面"，句法分析的这三个平面本身就体现了层次性和系统性，其中，"句法规律应该是贯穿于三个平面的语言结构规律"，并针对现实中所存在的表层句法关系相同而深层结构关系不同或者表层句法结构不同而深层语义关系密切的问题，从方法角度认为"为了说明句法分析中三个平面之间的关系以及句法规律的作用，我们需要采用转换生成语法的一些基本观点和功能语法的某些思想"，也就是借鉴转换生成语法的深层结构分析和功能语法的语用条件，因为"深层结构是研究句法语义语用平面中句法规律如何起作用的基础"，据此，王维贤先生提出"句法平面的结构形式是由基本短语结构规律生成的语言的最基本的语言形式。它反映了一种语言的最基本的词序，词的组合层次以及语法单位之间的组合关系。这种基本短语结构形式插入具体的词汇就成为所谓'深层结构'"。这样，王维贤先生在句法分析上体现出两两组合的层次性和先后排序的系统性，如："我对老张处理这个问题的办法有意见。"这句的句法结构就是：〔名─（（介：（（（名─动⊙名））←的）＞名））（动⊙名）〕。

二看语义，王维贤先生（2001）由内到外地把语义分成了"词义的意义、结构的意义和语境意义"三个具有内外包含关系的语义系统，他认为"语义不仅是由一定的词语按照一定的结构规律加以组合来表达的，而且是在一定的语境中加以表达的。语言的意义是词语的意义、结构意义和语境意义综合作用的结果"，王维贤先生对语义的这一认识论阐释体现出明显的层次性和系统性，如图 2 所示。

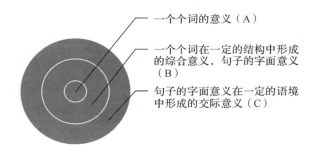

一个个词的意义（A）

一个个词在一定的结构中形成的综合意义，句子的字面意义（B）

句子的字面意义在一定的语境中形成的交际意义（C）

图 2　王维贤先生对语义认识的系统性与层次性

三看语用，王维贤先生（1962）早期对言语交际的分析具有明显的层次系统意识，即按照层次顺序通过两两合成的形式展示了言语交际过程由内到外的体系性，如图 3 所示。

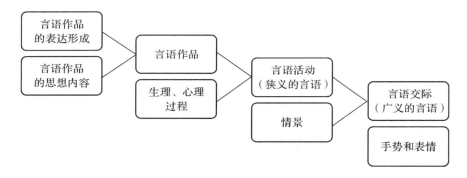

图 3　王维贤先生言语交际分析的层次系统

那么，支撑语言具有层次体系认识论的哲学基础是什么呢？就是王维贤先生始终坚持的语言反映客观事物的本体论。

2　客观反映本体论

本体论，既是探索世界本源和基本性质的哲学概念，也是研究世界存在着什么客观事物的存在概念，而就语言的本体论来说，王维贤先生始终坚持唯物主义的"语言反映客观事物"的客观反映论，这主要反映在王维贤先生对"词义、概念与客观事物""语言、客观事物与世界"这两类关系的论述中。

第一，关于词义、概念与事物的关系。王维贤先生（1963）在辨析词义、概念、客观事物之间的复杂关系时，既驳斥了"只有术语的意义才等于概念"的狭隘概念观，也反对了"词义和概念的区别在于词义对客观的反映是间接的，而概念对客观的反映是直接的"的间接直接观，通过批驳"词义不等于概念"这个前提，提出了词义和概念都是客观事物反映的观点。王维贤先生不仅认为"任何词义都是人们对客观事物或现象的反映"，而且认为"概念是思维的一种形式，是人们在感性认识的基础上，在实践的基础上，对客观事物的一种抽象的（即非直观的）同时也是反映了客观事物的本质特征的认识形式"。那么，词义与概念的区别是什么呢？王维贤先生通过图4将客观现象、概念、词义的逻辑关系清晰地表现出来。

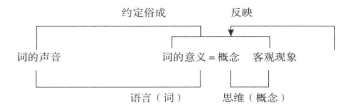

图4　王维贤先生对客观现象、概念、词义之逻辑关系的认识

正如王维贤先生（1963）所言："词义和概念的区别实质上是从不同的角度所给予的同一个东西——客观现象的反映——的不同名称的区别"，当然，正如王维贤先生所言："'词的意义＝概念'，是就与概念相当的，作为客观现象的抽象的、概括的、本质的反映的那种词义讲的，并不是一般地认为词义就等于概念。许多词的意义所涉及的和所表达的都远远超过概念的范围"。

第二，关于语言、事物、世界的关系。王维贤先生（2000）通常基于"语言反映的客观事物之间的关系"这一本体论角度来解释和分析具体实例的语义及其结构关系，后来，王维贤先生（2001）提出"语言是人们把认识客观事物（包括作为客观事物的主观现象）的结果，在头脑中固定下来，并进行交际的形式"，但是"语言必须按一定的结构形式把语言中的词组织起来，才能反映人对客观事物之间的种种关系的认识。语言中词与词的关系反映着客观事物之间的关系"，这为解释"句法、语义、语用"之间的关系奠定了本体论基础。到了晚年，王维贤先生（1962）更为精练地提出"语言最基本的性质是人脑对客观事物的

'反映',说得确切一点是'能动'的反映",而"客观事物的关系和语言中反映这种关系之间的关系是复杂的,这是语法研究的主要任务之一"。

可以说,无论从微观关注词义、概念、事物的角度看,还是从宏观讨论语言、事物、世界的关系看,王维贤先生都始终坚持了辩证唯物主义的"语言反映客观事物"的本体论。

为什么要研究语言的层次体系认识论和语言反映客观事物的本体论呢?其最终的目的是什么呢?这就是基于言语以抽象语言形式规律,再根据语言形式规律来生成可以用于交际的言语。

3   抽象生成目的论

王维贤先生对语法研究目的的认识可以按照句子、言语、语言三个研究视角先后分成三种观点:基于句子的结构成分辨别说、基于言语的抽象生成规律说、基于语言的形式表达意义说。

第一,基于句子的结构成分辨别说。关于王维贤先生(1984)最早在 1984年探讨析句的方法时比较明确地提到了研究目的问题,即"原则上讲,方法是由对象的性质和研究目的决定的",那么,有什么研究目的呢?王维贤先生(1985)1985 年从宏观角度专门讨论了析句的两类目的,"析句不但有理论的目的,而且有实践的目的","既有教和学的目的,也有分析、概括、掌握现代汉语句法规律的目的",并结合析句实际,提出了具体的析句目的:"大多数情况下,析句的主要目的在于辨别句子的成分,了解句子的基本结构。"

第二,基于言语的抽象生成规律说。王维贤先生(1991d)先从广义的言语形式规律角度认为:言语"必须凭借一定的物质形式,遵循一定的规律,然后才能说出并被人理解。语言学的目的就在于认识这些形式,找出这些规律,给言语交际以解释",然后从言语与语言之间抽象与生成关系角度提出:"语法研究的是语言生成的形式规律。语法研究的目的在于经过从言语到语言的抽象(言语→语言),然后再回过来解释如何根据语言生成言语(语言→言语)","从而真正做到从'言语→语言'来解释'语言→言语'这一句法学的根本目的"。最后,王维贤先生(1991d)从形式表示意义的角度认为:"语法的目的在于确定什么形式表示什么意义,在什么条件下表示什么意义。"他按照句法、语义、语用三个平面的基本思路提出语法研究的主要任务,"一、确定基本短语结构形式;二、研究语义对句法的制约及其规律;三、研究语用条件对句法的制约及其规律"(王维贤,1995a),从而为实现"从言语到语言的抽象"和"从语言到言语的生成"提出了具体路径。可以说,语法研究的目的是以"从言语抽象出来的语言形式规律为手段而最终达到从语言到言语的生成"这一终极目的。

第三,基于语言的形式表达意义说。王维贤先生(2001)从理论目的和实践目的的分类中,逐渐认识到了从言语中抽象语言形式规律是理论目的,而从实践目的看:"研究语言规律的根本目的就在于描写语言如何用某种特定的形式表达某种意义(思想,内容)",因此,王维贤先生(1962)认为:"语法不只是解释语言的抽象的规律,而且也是能解释言语的语法的规律",从而在抽象规律与生成言语的基础上,强调了形式如何表达意义的目的性。

如何解决语言与言语、形式与意义之间的关系从而实现形式表达意义的目的论呢? 王维贤先生从多个角度使用了具有蕴涵辩证特征的方法论。

4　蕴涵辩证方法论

如何才能实现通过"抽象的语言形式规律"来"生成言语意义"的语法研究目的呢? 也就是如何实现形式规律与表达意义之间的生成关系? 根据王维贤先生对言语与语言、肯定与否定、形式与意义、静态与动态、语言与逻辑等语法论述,可以看出王维贤先生所秉持的蕴涵辩证的方法论思想:

第一,言语与语言的蕴涵辩证。

为了阐明言语与语言的关系,王维贤先生采用了蕴涵辩证思维的方法。首先,将蕴涵在言语交际中的言语通过两次抽象提取出来。他(1962)先"把言语作品从整个言语交际中抽象出来"以达到"确定言语心理学和言语生理学跟语言学的明确界限",再"把言语作品从一定的情景中抽象出来",从而提取出包含表达形式与思想内容的言语作品。其次,将蕴涵在言语中的语言成分与语言提取出来,认为"言语作品的表达形式是根据交际的需要,由语言的一定的词汇单位按照一定的语法规律组成的。……可以说言语就是语言的运用……语言和体现在具体言语中的语言成分是一般与个别的关系,是本质与表现的关系"。最后,论述言语与语言的蕴涵性辩证关系,即"语言只存在在具体的言语中,离开不尽的言语之流就无所谓语言",也就是说言语是语言赖以存在的形式,"因为语言与言语中的语言成分是一般与个别的关系,而这一般的语言即作为本质的东西存在于言语之中,所以我们必须通过言语作品表达形式的分析来认识语言体系及其在言语交际中的作用,来从事语言科学的研究,建立语言科学"(王维贤,1962),可以说,言语是语言的使用,离开语言的填充,言语无法完成交际;反过来说,语言存在于言语中,并与言语中的语言成分形成一般与个别、本质与表现的关系,离开言语,语言无法存在。

第二,肯定与否定的正反辩证。

王维贤先生在论述"虽然 A,但是 B"的转折关系时,就是通过能否以充分条件关系"A→⁻B"为预设从肯定和否定两个角度进行了辩证分析和正反验证。首先,从肯定方面来看,王维贤先生(1982)认为"'虽然 A,但是 B'之所以称为'转折',是因为在'一般情况下','如果 A,那么非 B'",即"A 和 B 之间的转折关系的背景是'如果 A,那么较大可能非 B'"。其次,从否定方面来看,"什么情况下,不能构成'虽然 A,但是 B'"的转折关系呢? 王维贤先生(1982)认为有三种情况:一是由 A 较大可能推出非 B 时,即"A→⁻B",则不可能构成"虽然 A,但是 B";二是由 A 必然推出 B 时,也不能构成"虽然 A,但是 B";三是由 A 较小可能推出非 B 时,则不可能构成"虽然 A,但是 B"。由此从正反两个角度得出结论:"从原则上讲,除去 A→NB,A→N⁻B,A→M3⁻B 三种情况,凡是具有并存关系的 A 和 B 都可以构成'虽然 A,但是 B'的转折关系。"

第三,形式与意义的对应辩证。

王维贤先生(1991c)在研究"了"时提出"汉语语法研究必须摆脱书面形式的束缚,深入到口语的语音实际中去,才能进一步辨析语法形式和语法意义",王维贤先生(1991c)"根据形式和意义相结合的原则确定这些形式的同一性和差异性",先"从形式上看,'了'有三个:'了₁'(le)、'了₂'(la)和'了₃'(lou)",三个"了"在分布上对应于不同的语义,"了₁"主要出现在动词和它的宾语之间,表示"动+宾"这一动作已经完成;"了₂"是出现在句尾的语气词,表示肯定某种现象的出现;"了₃"位于句尾或动词后表示处置某物并得到某种结果。这样王维贤先生从语音形式、分布形式到语法意义对应起来,实事求是而又辩证地理解形式与意义的关系。可以说,句法形式与语法意义"是既可分又不可分的辩证关系,过分强调句法的独立性、自主性或过分忽视句法对语义的制约作用都是不全面的"(徐以中、徐颂列,2005:111)。

第四,动态与静态的发展辩证。

王维贤先生(1984)认为:"人们认识客观事物,特别是认识复杂的客观事物,不可能一次完成,因而认识的方法也需要在认识过程中不断改进",而"任何一种句法分析模式都是在运用于具体语言分析过程中不断丰富、完善的",因此,研究方法自身就需要一个不断动态发展的过程,同时,"语法"作为研究对象自身以静态规律的形式存在于动态的语言交际和语境中,因为"结合语境中语言(汉语)表达形式的变化"才能揭示汉语全面的语法规律(王维贤,2007),因此,必须坚持动态与静态相结合的语法研究思路。王维贤先生对三个平面之间关系和句法规律作用的解释也蕴涵着动态与静态递归演进的思路,即(王维贤,1991a)提出:"从句法角度讲,这三个平面不能叫句法平面、语义平面、语用平面,而应该叫句法平面、句法语义平面和句法语义语用平面。也就是说,从句法角度讲,就一个'句子'来说,有纯粹句法形式这个平面;有包含具体的词语在内的,具有具体意义的平面;有出现在实际交际过程中具有交际指称作用的平面。"王维贤先生把三个平面中的句法规律设想为:"语言有一个基本短语结构部分,这部分是由基本短语结构规则生成的。这就是基本短语结构形式,这是句法平面。"而句法语义平面包括两个方面的成分:一个是句法平面的基本短语结构形式插入具体的词语,就形成了基本短语;一个是句法语义语用平面的句子抽离其具体的语境得到的抽象的句子。句法语义语用平面就是指实际交际中包含语境的句子。其中,句法平面的基本短语结构形式只受基本短语结构规律的句法制约;句法语义平面的基本短语还要受到语义制约,而抽象句子则还要受语用条件制约的制约;句法语义语用平面受到基本短语结构规律、语义、实际交际中语用条件的三重制约。正如王维贤先生所言:"语法不仅要研究孤立的句子的句法规律,还要研究交际中由于语用因素的制约而形成的各种形式的句子的句法规律"(徐以中、徐颂列 2005:110),可以说,王维贤先生始终坚持在动态交际中来提取具有规律性的静态规律,始终坚持将相对静态与绝对动态结合起来。

第五,语言与逻辑的交叉辩证。

王维贤先生作为逻辑学家,是中国最早把逻辑与语言研究结合起来的学者,他认为"在传统的逻辑学和语言学的交叉领域进行研究,可以有三种不同方向:一是逻辑语言学,一是语言逻辑学,一是逻辑—语言学",逻辑语言学就是"运用数理逻辑这一工具和它的方法对语言的语音、语义、语法以及整个语言体系进行紧密的分析和形式化处理";而语言逻辑学(1989)则是"建立自然语言推理的形式逻辑系统……把自然语言中影响推理有效性的各种语言成分逐一进行研究";逻辑—语言学把"语言和逻辑之间有一种内在的联系……语言和逻辑基础可以同时作为一个统一的理论加以发展"。王维贤先生不仅从宏观上研究语言与逻辑之间的交叉辩证关系,而且运用逻辑形式对汉语的"复句与关联词语、转折、因果、语法系统"等具体语法现象进行了全面深入的研究。

首先,在汉语复句与逻辑复合判断上,王维贤先生(1997:Ⅶ)认为:"现代逻辑同语法研究是互相促进的"。王维贤先生(1983)针对复句关联词与逻辑联结词的关系提出:"表示复句中各分句之间的逻辑语义关系的语言形式是'关联词语'……逻辑中表示复合判断各支判断间的逻辑关系的是逻辑联结词。传统的形式逻辑借用自然语言中的表示相应的逻辑语义关系的关联词语作为表示某种逻辑关系的逻辑联结词",比如"如果……那么"表示充分条件、"或者……或者"表示选择关系、"并且"表示并存关系,"但是自然语言中的词语大多带有这样或那样的多义性和模糊性……数理逻辑规定了一系列表示复合判断间的逻辑关系的逻辑联结词",即"¬、∧、∨、→"等逻辑符号能"更准确地分析复句中各分句间的逻辑关系,分析关联词语的逻辑含义",而"大多数自然语言中的关联词语所表达的逻辑语义关系单用标准逻辑中命题逻辑的符号和公式进行分析是不够的……必须在标准逻辑的基础上,引进新的因素和符号,发展新的逻辑系统",比如分析"宁可……也不"需要引入"优选",分析"虽然……但是"需要引入"预设"概念等。

其次,在转折和因果上,王维贤先生都是从形式逻辑角度给出分析和解释。先看转折关系,王维贤先生(1991b)把"传统的让步句和转折句""这两类句子的前一个分句同后一个分句之间所具有的某种蕴涵和推断关系是直接的",即"都预设着 A 同 B 之间具有 A→M1ˉB 这样的蕴涵关系"。再看因果关系,王维贤先生(1993)认为"'因为 A,所以 B'预设 A、B 之间具有某种蕴涵关系,这种蕴涵关系类似于相关逻辑的'A⇒B'的关系,即不仅'A 真则 B 真',而且 A、B 之间是相关关系,A 真则 B 必然真","这种总的概括关系加上不同的具体因素"就"可以分化为三种不同"的因果语义关系,即"事实上的原因和结果、行为上的行为和理由、推理中的推断和根据"。

最后,在语法体系上,王维贤先生(1995b)"把自然语言的语法看作同形式语言的语法相类似的形式系统","把句子分解为'情态'和'命题'两部分","把语言中表示时、体和语气等等的成分抽掉",再运用"谓词逻辑把一个命题分解为由个体词、谓词和量词三部分",根据"个体的数目把谓词分为一元谓词、二元谓词、三元谓词等",由于谓词逻辑的全称量词和存在量词分类"是从自然语言的表示名词短语的量的词中抽取、概括出来的","不能完全反映丰富多变的自然语言的表量词语,这就促使研究语法的人进一步分析语言中的表量词语,并使其逻辑语义进一步精确化",把全称分为通指(一切)和遍指(每、各)或分为有定指称和无定指称,无定分为全称、偏称、他称、普称、各称、逐称等,还引入量词"辖域"、二阶谓词、谓词算子、联结词、集合和递归等概念把语法现象形式化。

正如王维贤先生(1997:Ⅶ)在《现代汉语语法理论研究》的自序中所言:"现代逻辑是研究现代汉语语法的重要工具,现代逻辑可以更精确地分析现代汉语的句法和语义,以及二者的相互关系。同时可以对它分析的那部分句法、语义规则进行形式化。"

可以说,王维贤先生以语法学为研究对象,以逻辑学为研究工具,建立了以层次体系为认识论、客观反映为本体论、抽象生成为目的论和蕴涵辩证为方法论的系统完整的语法思想逻辑结构。

参考文献：

王维贤，1962，《言语三论》，《杭州大学学报(哲学社会科学版)》第 1 期，第 146—159 页。

王维贤，1963，《也谈词义和概念的关系》，《浙江学刊》第 4 期，第 35—40 页。

王维贤，1982，《论"转折"》，载逻辑与语言研究会编《逻辑与语言研究》第 2 辑，北京：中国社会科学出版社，第 103—125 页。

王惟(维)贤，1983，《复句和关联词语》，《语言教学与研究》第 1 期，第 17—26 页。

王维贤，1984，《析句释难》，《语言学年刊》总第二辑(《杭州大学学报》增刊)，第 27—35 页。

王维贤，1985，《析句的目的和任务》，《逻辑与语言学习》第 2 期，第 46—53 页。

王维贤，1989，《逻辑语言学与语言逻辑学》，载中国逻辑与语言研究会编《逻辑与语言新论》，北京：语文出版社，第 1—11 页。

王维贤，1991a，《句法分析的三个平面与深层结构》，《语文研究》第 4 期，第 5—12 页。

王维贤，1991b，《论转折句》，载《中国语言学报》编委会编辑《中国语言学报》第四期，北京：商务印书馆，第 49—58 页。

王维贤，1991c，《"了"字补议》，载中国语文杂志社编《语法研究和探索(五)》，北京：语文出版社，第 197—208 页。

王维贤，1991d，《现代汉语语法研究的一些方法论问题(论纲)》，载复旦大学语法修辞研究室《语法修辞方法论》，上海：复旦大学出版社，第 1—9 页。

王维贤，1993，《论因果句》，载刘坚、侯精一主编《中国语文研究四十年纪念文集》，北京：北京语言学院出版社，第 83—89 页。

王维贤，1995a，《语言的三个平面与句法的三个平面》，载《中国语言学报》编委会编辑《中国语言学报》第七期，北京：语文出版社，第 15—21 页。

王维贤，1995b，《逻辑与语法》，《杭州师范学院学报》第 1 期，第 94—102 页。

王维贤,1997,《现代汉语语法理论研究》,北京:语文出版社。

王维贤,2000,《现代汉语带"得"的补语句》,载中国语文杂志社编《语法研究和探索(十)》,北京:商务印书馆,第98—111页。

王维贤,2001,《关于语义和语法的几点思考》,载范开泰、齐沪扬主编《面向21世纪语言问题再认识——庆祝张斌先生从教五十周年暨八十华诞》,上海:上海教育出版社,第18—26页。

王维贤,2007,《认知、交际与句法》,载邵敬敏、张先亮主编《汉语语法研究的新拓展:21世纪第三届现代汉语语法国际研讨会论文集(三)》,长春:东北师范大学出版社,第1—5页。

徐以中、徐颂列,2005,《当前语言逻辑研究的若干问题——王维贤先生访谈录》,《浙江教育学院学报》第4期,第108—112页。

从集合论看衍推和预设

复旦大学中文系　陈振宇

提　要　用衍推(实质蕴涵)来定义语义预设,会导致"预设悖论"。广义量词逻辑通过集合论来定义逻辑关系,应该从简单蕴涵关系开始,即集合关系"X⊆Y"。当全集 U 大于集合 Y 时,得到衍推关系;当全集 U 等于集合 Y 时,得到预设关系。衍推和预设是相互对立互补的逻辑关系,这样便不会出现预设悖论。除此之外,存在预设的有效性还受到实指和虚指的区别的影响。

关键词　简单蕴涵;衍推(实质蕴涵);语义预设;全集;存在预设

1　预设的发现

对预设这个论题的关注起源于哲学上的争议,特别是关于所指和指别词语(即有指称意义的词语,不能是无指的词语)的争议。弗雷格(Frege)提出:"在任何命题中总是有一个明显的预设——使用的简单或复合专名是有所指的。因此如果断言'凯普勒死得很惨',存在一个预设,即名称'凯普勒'是有所指的。"他还说:"名称'凯普勒'有所指既是'凯普勒死得很惨'的预设,也是它的相反(否定)命题的预设。"(Frege,1952)

罗素(Russell)(1905)认为弗雷格的观点是根本错误的。他致力于解决同样一些问题,但是得出了不同的结论。如例(1),"法国国王"不是一个专指的名词(非专有名词)。那么何时例(1)为真?

（1）法国国王很聪明

他认为例（1）的逻辑式不是下面的例（2），而是更复杂的例（3）：

（2）聪明（法国国王）

（3）（x（法国国王（x）&～（y（（y（x）& 法国国王（y））& 聪明（x））

（存在一个法国国王，并且没有其他人是法国国王，并且他是聪明的）

斯特劳森（Strawson）争论说，有许多疑难问题的产生，是由于没有区分句子和句子的使用。句子没有真假，只有句子作出的陈述才有真假。因此例（1）的陈述在公元 1670 年可能是真的，但在 1770 年可能是假的，而在 1976 年，根本谈不上什么真假：因为 1970 年不存在法国国王，不存在的事物不会有关于它的性质的问题。斯特劳森声称下面的例（4）是判断例（1）真假的前提：

（4）现在有一个法国国王

他称这种关系为"预设"，并且认为这是一种特殊的语用推理，不同于逻辑含义或蕴涵，而是从指别词语的使用规约得出的一种推理。

2　衍推（实质衍推）和预设的矛盾

根据经典的命题逻辑定义，预设是由两个"实质蕴涵"（衍推）关系"X→Y"和"～X→Y"同时成立而构建的。（参看麦考莱，1998）

（5）X：苏格拉底病了　　～X：苏格拉底没病　　　Y：存在一个人，他是
苏格拉底

不管苏格拉底病没病，都可以知道存在一个人叫苏格拉底为真。但是这却带来了严重的后果。

在实质蕴涵关系中，最大的争议在于"当前件为假的时候，无论后件为真还是为假，实质蕴涵关系都为真"。之所以如此，是为了满足换质位公式：如果X→Y，则～Y→～X。但是，换质位公式是一个陷阱，因为它会导致"预设悖论"。

从弗雷格、罗素的时代开始，有一个重要的疑难已经有很长的历史：当一

个命题(语句)的预设为假时,该命题是真是假? 如果没有苏格拉底这个人,则"苏格拉底病了/苏格拉底没病"的真值如何? 弗雷格认为此时句子不能用来陈述,罗素则认为该命题为假,后来的学者则说预设不满足,则命题不为假,而是无所谓真假。

因为在"$(X{\rightarrow}Y)\&(\sim X{\rightarrow}Y)$"使用换质位公式,会得到"$(\sim Y{\rightarrow}\sim X)\&(\sim Y{\rightarrow}X)$",这就是说,当 Y 为假时,同时得到了 X 与$\sim$X,它们或者都为真,或者都为假,这违反排中律。这就是"预设悖论",又被称为"真值缺失"(truth value gaps)。有些逻辑学家认为二值逻辑有缺憾,从而致力于建立多值逻辑,如弗拉森(Fraanssen)提出的超赋值(super valuation)概念。(参看 Fraassen, 1969)

这个问题目前来看至少有三种解决方法:

第一种,可以认为在 B 为 A 的预设的情况下,在任何有 A 或$\sim$A 出现的可能世界中,都不能让 B 为假。如当我们讨论苏格拉底病没病的时候,不允许有不存在苏格拉底的情况,那自然就没有问题了。

因此只有存在苏格拉底这个人时,我们才能认为"甲和乙中总有一个人说对了"。如果不存在苏格拉底这个人,则甲与乙都在传递一个非法的信息。用时髦的话说,甲与乙的所谓"争论"本身就是一个"坑",意图把听者带往错误的思考方向。例如当学术界在争论"美国能否在二十一世纪应对中国威胁"时,头脑清晰的人会先问"是否存在所谓中国威胁"这一背景信息,而这一思考会发现"中国威胁"不过是"杯弓蛇影"的假想,因此争论"美国能否在二十一世纪应对中国威胁"的正反双方都是在提供非法的信息。

第二种,可以认为在预设为假时,A 与$\sim$A 确实都同时为假。因为这时 A 与$\sim$A 都是复合命题,而不是单纯命题,而复合命题不一定必须满足排中律。根据完备运算,当 B 为 A 的预设时,A = (B&A),同时$\sim$A = (B&$\sim$A)。根据合取"&"的定义,只要 B 为假,则"B&A"和"B&$\sim$A"都为假。我们曾经也持这一观点。(参看陈振宇、钱鹏,2015)

第三种,也是本文支持的观点是:预设悖论的根本问题是我们使用的二值逻辑体系存在很大的问题:它无法反映"简单蕴涵"这一最基本、最重要的通指关系,而其他逻辑关系紧密、衍推、预设都是在"简单蕴涵"基础上建构的,并用它定义的。

　　传统命题逻辑最大的问题是它完全跳过了"简单蕴涵"这一更为根本的关系，一下就直接跳到非常强的衍推（实质衍推）关系，并用后者去处理所有自然语言中的通指句或条件句，这就相当于逻辑学家人为地为这些语句赋予了它们本来不一定具有（可能有也可能没有）的意义，把它们扭曲变形，这正是犯了"过分理解"（over-understanding）的认知错误。

3　基于简单蕴涵的定义

　　根据广义量词理论和概率蕴涵理论，可以用集合论和条件概率来描写逻辑关系。当 X 为真时，Y 为真的概率记为"P(Y|X)"。陈振宇(2020)给出了各种逻辑关系的定义，如下：

　　当 P(Y|X)＝1 时，称为 X（简单）蕴涵 Y。也可以用集合关系表示为"X⊆Y"，即 X 是 Y 的子集，如图 1 所示。

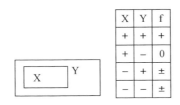

X	Y	f
＋	＋	＋
＋	－	0
－	＋	±
－	－	±

图 1　简单蕴涵关系

　　当蕴涵关系存在时，即当 X⊆Y 时，有一个重要的"完备性公式"：此时 X 与 X∩Y 相互蕴涵；或者说 X 与 X∩Y 相等。或者说，即 X 蕴涵 Y，P(Y|X)＝1，则 X 其实是 X 与 Y 的交集。例如，"乌鸦是鸟，则乌鸦等于鸟与乌鸦的交集"。完备性公式可以直接在集合图中看出来：由于集合 X 在 Y 的内部，所以 X∩Y 就包括了 X 的全部。

　　关键问题是：在简单蕴涵的情况下，全集 U 究竟有多大？有两种可能：（一）全集大于集合 Y，即 Y⊂U（意味着集合 Y 是全集 U 的真子集）。（二）全集等于集合 Y，即 Y＝U。因为全集不可能小于任何一个已提到的集合，所以不能有全集小于集合 Y。

（一）全集大于集合 Y。此时就是我们所说的"衍推关系"，如图 2 所示。

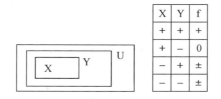

图 2　衍推关系

这时满足换质位公式。如图 3 所示。

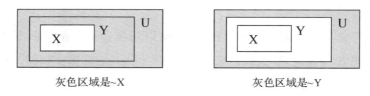

灰色区域是~X　　　　　　　　灰色区域是~Y

图 3　满足换质位公式

可以看到，～Y⊆～X，也就是 P(～X|～Y)＝1，～Y 蕴涵～X。

（二）全集等于集合 Y。此时就是我们所说的"预设关系"，不满足换质位公式。如图 4 所示。

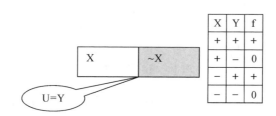

图 4　预设关系

可以看到，X⊆Y 并且～X⊆Y，Y 为 X 和～X 的预设。此时，～Y 根本不会出现。也就是说，只有当有苏格拉底这个人时，"苏格拉底病了/苏格拉底没病"两句话才能说；一旦没有苏格拉底这个人，则破坏了原有的论域，这两句话都不能说，根本与真值无关。

综上所述，预设与衍推的区别，不是 X 与 Y 的关系不同，而是全集的情况不同：从公式上可以看出，对衍推而言，全集 U 必须大于 Y，不能等于 Y；对预设而言正好相反,全集 U 必须等于 Y,不能大于 Y。衍推和预设是平行的关系,都是由简单蕴涵定义的。可图示为图 5。

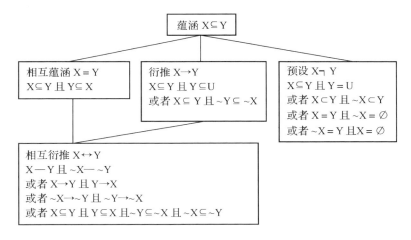

图 5　衍推与预设的关系

衍推是一个复合关系:X⊆Y 且 Y⊂U。预设也是一个复合关系:X⊆Y 且 Y＝U。在预设时,由于 Y 已经全是全集,所以根本不允许出现~Y 的情况,而 X⊆Y 是简单蕴涵关系,也根本不能推出～Y⊆～X,因此根本不会产生什么"悖论",这是一个伪问题。当 Y 为假时,Y 根本不成为 X 的预设,当苏格拉底不存在的时候,它根本不是预设,因此"苏格拉底病了"和"苏格拉底没病"都必须在存在苏格拉底的论域中讨论。

回过头来让我们看看语言中语句的意义。

为什么我们必须从简单蕴涵开始定义,而不能从衍推开始呢? 这是因为在语言中使用的通指句或条件句,它们在大多数情况下实际反映的是(简单)蕴涵关系,而不一定是衍推关系。

如当爸爸对儿子说"考到九十分给你买礼物"时,只是指在"考到九十分"的条件下,"给你买礼物"的概率很高(这里姑且取为 1),这只是简单蕴涵关系;并没有说"考不到九十分"的问题。因此我们还要根据上下文进一步考察:

如果说"考到九十分给你买礼物,不过不要紧张,考不到也会给你买的",那就是预设关系,即给你买礼物总是要做的事,不论考不考得到都不会改变。

当说"考到九十分给你买礼物,不给买的话一定是你没考到",则是衍推关系。

当说"考到九十分给你买礼物,考不到九十分就不会给你买",则是相互蕴涵关系,说明这两件事有紧密的关联。

当然,我们需要将句子的字面意义与语用涵义区分开来。"考到九十分给你买礼物"的字面意义是简单的蕴涵关系,然而在语用场景中,我们并不是均匀地有衍推和预设这两个可能的涵义。实际上,衍推是默认的、无标记的,因此一般情况下,当听到这句话,如果没有其他提示,我们会倾向于把它解读为衍推关系,即理解为"不给买的话一定是你没考到",虽然这一解读是语用涵义,是可以删除的;而预设是有标记的,仅当说话者将后文"考不到也会给你买的"说出时,才会被解读为预设关系。

这就是所谓认识的"极性化"(polarization),即蕴涵判断的确定性(信息价值大小)按以下顺序排列:X 蕴涵 Y<X 衍推 Y< X 相互衍推 Y。简单地讲,信息价值越大,越极端;越极性化的情况,越容易形成关于规律的认识。人们在信息不足的情况下,不是满足于不确定的信息,而是自动向确定性加大的方向进行语用迁移,把事物理解为极端的情况,即:语句如果有简单蕴涵关系,听话者会把它进一步解读为衍推关系;语句有衍推关系,则听话者会把它进一步解读为双向衍推关系。如听到"考到九十分给你买礼物",我们在没有其他信息时,会理解为"不给买的话一定是你没考到",或更进一步把它理解为"考不到九十分就不会给你买",这样使得语用涵义一步步丰富起来。只有遇上新的相反或不同的信息,或者一个具有高度理性头脑的人才会去质疑它,并会想到其他可能(隐藏着的预设关系)。

4 存在预设的有效性

存在预设是最重要、最基本的预设之一。任何一句话,只要有谓词与论元关系,就会出现"存在预设"的问题。存在预设的定义:如果事件为真,则事件的论元存在。如下面的例子,如果不存在"两个学生、美军士兵、想杀死他的人、苏格拉底、偷你东西的人",则相应的事件"找你、龟缩、死了、病了、是张三"都毫无意义:

（6）<u>两个学生</u>来找你。

　　　<u>美军士兵</u>龟缩在阵地里。

　　　<u>想杀他的人</u>都死了。

　　　<u>苏格拉底</u>病了。

　　　<u>偷你东西的人</u>是张三。

但是，有的论元即使不存在，事件依然可以为真。如：

（7）他想找<u>一个女老师</u>，只要她心地善良就行。

　　　他在找<u>麒麟</u>，一只可以让他向全世界炫耀的动物。

　　　两个学生想帮助<u>盲人</u>。

　　　青年人热爱<u>自由</u>。

　　　他决意前往<u>一个人们找不到他的地方</u>。

　　　她希望<u>未来的丈夫</u>要体贴自己。

即使论域中没有女教师、没有麒麟、没有盲人、没有自由、没有人们找不到他的地方、没有丈夫，事件"想找、在找、想帮助、热爱、决意前往、希望"都可以为真。

为什么会有以上两种不同的情况？因为有实指论元与虚指论元的区别。

（一）与谓词所代表的事件处于同一可能世界的论元称为"实指论元"（specific argument）。

（二）不一定处于同一可能世界的论元称为"虚指论元"（nonspecific argument）（请注意，虚指是不一定存在，而不是一定不存在）。

存在预设规则应该修改为：

（一）对实指论元而言，存在预设一定有效，即如果事件为真，则实指论元一定为真。

（二）对虚指论元而言，存在预设无效，即使虚指论元为假，事件也有可能为真。

以"找"为例。主体的行为的目的，就是在他所在世界中，找到或创造出这一事物，也就是说，要使该事物从主体虚拟的世界投射到主体自身所在的世界中来，从而证明自己的意识是与自己所在的世界是相符合的。以"希望"为例。

希望的事物可以是已经存在的，也可以是想象的，实际上并不存在。

在逻辑中有一对概念"涉实"（de re）和"涉名"（de dicto），它们都用来表示有定名词的功能，但前者指特定的人和实体，后者指一个概念。这对区分大致相当于实指与虚指。例如：

> （8）John believes that the Prime Minister of Great Britain resides at Downing Street No. 10.（约翰相信大不列颠首相住在唐宁街十号。）

涉实的解释："大不列颠首相"指某个特定的人，他现在担任这一职务，如布莱尔首相；而涉名的解释，则是指可能担任这一职务的人，不管他是谁，也不管现在是否有人担任，所以是指"大不列颠首相"这一概念。用本文的话讲，涉实时是实指，说话者表明在他的直陈世界中有一个这样的人存在，他住在唐宁街十号；而涉名时是虚指，指如果有一个人担任这一职务，则他住在唐宁街十号。涉名的虚指用法也被称为名词性成分的"定性用法"（attributive use）。在逻辑上，实指的成分必须用存在量化，而虚指的成分必须用全称量化来刻画，但在语言中，它们可以用相同的语言形式来表达。

下面是两种解释的逻辑式：

（一）实指：$\exists_x((x \in$ 大不列颠首相$)$ & 住$(x,$唐宁街十号$))$

（二）虚指：$\forall_x((x \in$ 大不列颠首相$) \rightarrow$ 住$(x,$唐宁街十号$))$

"找、希望"这类谓词称为"意向谓词"。陈振宇（2017）说，"从语言的角度讲，意向性由三个要素组成：意向性活动、意向者与意向内容。意向性活动由动词或其他词语（如形容词）表达，可称为'意向谓词'等"。对一个典型的意向谓词来说，主语是一个有意识的主体（即必须是"人"或"拟人"），称为"意向者"；宾语讲的是主体所感觉或认知的事物、状态或事件，而这个事物、状态或事件并不必然地存在于主体和他的感知活动所在的世界之中，称为"意向内容"。

非意向谓词的论元都是实指论元；意向谓词的论元可能是实指论元，但它必定会有一个论元是虚指论元。意向者是实指论元，他与意向事件在同一世界之中。而意向内容是虚指论元，它是意向谓词所打开的更深的可能世界中的事物。意向内容是意向性活动的客体或对象，可以指实体也可以指事件、活动等。当意向活动本身是直陈的内容时,意向谓词和它的实指论元都被说话者当成事实来陈述,但它的虚指论元意向内容则是非事实或反事实的。非事实指可能会投射为事实,可能不会投射过来,例如说话者说"张三认为明天是周一",意向者"张三"和意向活动"张三认为(想)"都是说话者直陈的事实,但意向内容"明天是周一"却不一定是事实。意向内容是反事实的时候,不可能投射为事实,例如说话者说"张三假装局长",意向者"张三"和意向活动"张三假装"都是说话者直陈的事实,但意向内容"局长",对说话者而言,则一定不是事实。

5　结语

(语义)预设是逻辑和语言学中最重要的概念之一,但是其定义和性质,长期以来存在争议,包括预设悖论和存在预设有效性等方面。但是今天我们已经能够使用更为适合的理论工具来完成这一任务。本文通过集合论,将简单蕴涵作为逻辑的出发点,并把它定义为集合子集关系,所谓"当 X 为真时,Y 为真",定义为集合 X 是集合 Y 的子集,也即"$X \subseteq Y$"。衍推和预设是相互对立的关系,即当全集 U 大于集合 Y 时,可以得到"$\sim Y \subseteq X$",也就是衍推(实质蕴涵);当全集 U 等于集合 Y 时,可以得到"$\sim X \subseteq Y$",也就是语义预设。

存在预设是最强的预设关系之一,但这是对实指论元而言的:当事件为真,则实指论元为真;当实指论元为假,或毫无意义,则事件为假。但是对虚指论元,这一规则不成立,虚指论元即使是假,事件也可能为真。

参考文献

陈振宇,2017,《汉语的指称与命题:语法中的语义学原理》,上海:上海人民出版社。

陈振宇,2020,《逻辑、概率与地图分析——汉语语法学中的计算研究》,上海:复旦大学出版社。

陈振宇、钱鹏,2015,《蕴涵、预设和完备性》,《当代语言学》第 1 期,第 98—109 页。

麦考莱,1998,《语言逻辑分析——语言学家关注的一切逻辑问题》,王维贤、徐颂列等译，杭州：杭州大学出版社。

　　Fraassen，van B. 1969. "Presuppositions，supervaluations，and free logic." In K. Lambert，ed. *The Logical Way of Doing Things*. New Haven：Yale University Press，pp. 67-91.

　　Frege，G. 1952. "On sense and reference." In P. T. Geach，M. Black，and G. Frege，eds. *Translations from the Philosophical Writings of Gottlob Frege*. Oxford：Blackwell，pp. 56-78.

　　Russell，B. 1905. "On denoting." *Mind* 14，pp. 479-493.

与"也"字两种用法相关的两种语用逻辑

北京大学中文系　周　韧

提　要　本文认为,副词"也"除了表"类同"义以外,还具有"低概率"的语义特征。文章在周韧(2024)的基础上,运用两种语用逻辑分析了"也"表假设关系的用法和"也"允准全称否定句的用法。本文指出,由于语用上信息原则的作用,"也"在表假设关系用法时,其低概率特征变得隐晦;由于语用上"否定一消极关联原则"的作用,"也"在疑问代词全称否定句中,其低概率特征被消极情绪严重弱化。在上述"也"的两种用法中,"也"的表意功能无法用语义逻辑直接推导出来,这充分地说明了语法分析中引入语用逻辑的重要性和必要性。

关键词　"也";低概率;语用逻辑;信息原则;否定一消极关联原则

1　引言

众所周知,自然语言是一套音义结合的符号系统,同时,自然语言又是人类最重要的交际工具。这两个性质决定了自然语言既有客观性的一面,也有主观性的一面。所以,自然语言作为一套符号系统运作的时候,其形式和意义的关联还会受到交际因素的影响。王维贤先生(2007)曾经指出:"语言不仅是思维的形式,而且是表达的形式。语言逻辑要想研究实际语言中的思维形式,就必须联系自然语言语句出现的语境,运用已有的和新创建的一切有效的逻辑学的和语言学的有效工具进行多层次、多角度、多侧面的分析,进行从部分到整体再到更大的整体的分析。"

本文在周韧(2024)的基础上,拟对现代汉语常用副词"也"的两种用法(表假设关系用法和允准全称否定用法)进行分析研究,在"也"的低概率语义的基础上,着重说明这两种用法中存在的两种语用逻辑,说明"也"字的低概率语义在语用逻辑中,既可能隐晦地展现,也可能消极地弱化。

笔者希望本文能够作为个案研究,揭示自然语言有时并不严格地按照符号系统的数理逻辑行事。语言研究中不仅需要关注以数理逻辑为基础的语义逻辑,还需要重视语用逻辑的作用。

2 "也"的语法意义:类同和低概率

自吕叔湘(1982:351-353)起,现代汉语副词"也"的语法意义一般被认为是表示"类同"。在众多相关研究当中,马真(1982)对现代汉语"也"的类同义作了最全面的描写和说明。马真(1982)将"也"的用法分为实用用法、虚用用法和委婉用法,请看例(1)、例(2)和例(3)。(例子均摘自马真,1982)

(1)实用用法:

a. 你去了,我也去了。(谓语部分类同,表示并列关系)

b. 他搞文艺批评,也搞文艺创作。(主语部分类同)

c. 假期我去广州了,他也去桂林了。(主语谓语都不同,"去外地的情况"类同)

(2)虚用用法:

a. 他虽然不及格,也被录取了。(隐含"及格被录取")

b. 洗也洗不干净。(隐含"拍不干净")

c. 连他也来了。(隐含"别人也来了")

(3)委婉用法:

a. 你也太不懂事了。

b. 音量也就这样了。

c. 这事儿也只好由他了。

以下是马真(1982)对上述三组例句的说明。"也"的实用用法,就是指在

"也"字句中,相类同的诸项都明白说出。在例(1)中,我们已经在例句后面标明了前后两个小句类同之处。"也"的虚用用法,就是指在有"也"的句子里,相类同的前项只是隐含着而未明白说出,甚至是假想的,实际上不一定能明白确切地说出。在例(2)中,我们已经在例句后面标明了隐含的类同项。"也"的委婉语气用法仍然来自"也"的类同义。比如,例(3)a 可以理解为:并不只是提到的人"太不懂事",还有别人也"太不懂事"。这样,通过"也"的类同用法,减弱了责怪或埋怨的口气。

以上马真(1982)对"也"类同义的分析和说明,我们十分赞同。周韧(2024)在类同义的基础上,认为"也"还有一种重要的语法意义——低概率。具体说来,"也"总体表示"低概率的类同",即说话人在用"也"表示事件之间类同的同时,还表达了"相较于被类同事件,类同事件在发生的概率上更低"的观念。

周韧(2024)指出,"也"在虚用用法和委婉用法中,非常明显地体现了其具有的低概率语义。表 1 是对例(2)和例(3)的分析,其中,"类同事件"是"也"字句所表达的事件,"被类同事件"是无"也"句表达的事件或隐含事件。

表 1   被类同事件与类同事件的概率比较

被类同事件	类同事件
及格被录取	不及格被录取
拍不干净	洗不干净
别人来了	他来了
别人太不懂事了	你太不懂事
音量可以这样或那样	音量就这样
这事儿可以由他或不由他	这事儿只好由他

对照例(2)和例(3)可以看出,"也"所在的类同事件的发生概率明显要低于被类同事件。拿虚用用法的例(2)a 来说,相较于"及格被录取","不及格被录取"显然是低概率的。并且,如果有低概率义配合类同义表述,我们就可以更好地理解"也"的委婉用法。比如我们可以这么说明例(3)a:"别人太不懂事"是高概率的,"你太不懂事"是低概率的。这就传达了"你应该比别人更懂事"的含义,再进一步传达"你不应该这么不懂事"的意味,从而达到了委婉批评的效果。

那么,"也"在实用用法中是否展现了低概率语义呢?周韧(2024)给出了明确的肯定回答,请看以下例句:

(4)a. 水库可以灌溉、发电,也可以养鱼。(《现代汉语词典》(第六版))

b. 他会英语,也会法语。(《现代汉语词典》(第六版))

c. 我读书,也写文章。(《现代汉语虚词词典》)

d. 他对师傅好,也对徒弟好。(《现代汉语虚词词典》)

e. 普及是人民的普及,提高也是人民的提高。(《现代汉语虚词例释》)

例(4)主要摘自经典辞书。这些例句中,"也"字句所表达的低概率语义非常清晰,例(4)a 中,"水库可以养鱼"的概率显然要低于"水库可以灌溉、发电";在例(4)b 中,按照一般社会认知,"会法语"的概率显然要低于"会英语"。这说明,辞书编撰专家在举例时,自然而然地将低概率类同事件放在被类同事件之后,用"也"标示。

周韧(2024)指出,孤立地看实用用法的"也"字句,很多时候确实无法判定概率高低。但是只要将这些"也"字句使用的语境还原,或者说,在真实语料中,"也"字句所表达的类同事件,的的确确具有相较于被类同事件的低概率特征。具体详细论证,请看周韧(2024)的论述。

综上所述,我们简要地说明了:"也"具备低概率的语义。我们可以列出下面这个公式:(注意,此处的 P 表示概率,不表示命题。)

(5)P 被类同句(A|X)≥P"也"字类同句(B|X)

这个式子可以表述为:被类同事件 A 在各个场景 X 中出现的概率要大于(至少是等于)类同事件 B 在各个场景 X 中出现的概率。比如,我们可以将例(4)a 的"也"字句作如下的概率分析。

"水库可以灌溉、发电,也可以养鱼"意味着:

(用于灌溉或发电的水库的总数÷水库总数)≥(用于养鱼的水库的总数÷水库总数)

不过,我们发现:"也"字还有两种用法难以直接用低概率语义说明。这两种用法分别是"也"的假设关系用法和"也"允准全称否定的用法。要说明"也"的这两种用法，就必须引入语用逻辑。

3　从信息原则解读"也"表假设关系的用法

在"也"的实用用法中，前后两个小句（无"也"的小句和有"也"的小句）一般表示并列关系。马真（1982）指出，还有一种"也"字句，表示假设关系。请看相关例句（例子均摘自马真，1982）：

　　(6)a.　你去，我也去。（假设关系）

　　　　b.　他去上海，我也去上海。（假设关系）

　　　　c.　他不抽烟，我也不抽烟。（假设关系）

例(6)a、(6)b 和(6)c 中，前后都有两个小句，且第一个小句前头都是可以加上"如果"而不改变原义，所以，这种句子也可被称为"条件句"。从形式逻辑的角度看，例(6)各例前后两个小句都可以看成两个命题，并且可以使用形式逻辑中的命题联结符"→"进行关联。"→"表示蕴涵关系，指的是在命题 P 和命题 Q 在形成"P→Q"关系时，即意味着：P 为真时，Q 一定为真。这种严格基于数理逻辑的形式逻辑，本文称为"语义逻辑"。

例(6)的被类同事件（即命题 P"你去"）和类同事件（即命题 Q"我去"）可以理解为一种蕴涵关系，即"你去"蕴涵"我去"（"你去→我去"）。按照形式逻辑对"P→Q"的分析，可以形成如下的真值表：

表 2　假设关系句"你去，我也去"的语义真值表

	P："你去"	Q："我去"	P→Q："你去→我去"
a	真	真	真
b	假	真	真
c	假	假	真
d	真	假	假

表 2 的真值分析对"也"的低概率分析形成了挑战。因为，"P→Q"传达了命题 P"你去"为真的情况下，命题 Q"我去"必为真。但从表 2 的 a 和 b 可知，

"你去"与否,在语义逻辑上并不决定"我去"的真假。关键要注意表 2 中的 b 解读,它显示:即使在 P 为假时(即"你不去"),仍然可有 Q 为真(即"我去")。这可以看出,蕴涵关系是以低概率事件的发生来蕴涵高概率事件的发生。按照表 2 呈现的语义逻辑,(例 6)a 中的"也"字小句事件"我也去"应是相较于其前事件"你去"的高概率事件。但是,另一方面,按照周韧(2024)的认识,"也"修饰低概率事件。这就形成了矛盾!

以上对例(6)a 的语义解读只是语义逻辑的解读,一个重要的事实是:在现实生活中,无论是发话人还是受话人,都不会接受表 2 中的 b 解读。他们会将例(6)a 理解为:"你去,我必去",同时,"你若不去,我亦不去"。这就是说,例(6)a 在表达"P→Q"(你去→我去)的同时,还传达了"¯P→¯Q"(你不去→我不去)的意味。这种情况,是一种"if → if and only if"的强化,被称为"条件句的强化"。或者说,这种语义逻辑上的单向蕴涵句,在实际话语中经常被理解为双向蕴涵句(因为"¯P→¯Q"与"Q→P"等值)。在西方当代语用学中,常常举出的类似英文句子是:

(7) If you mow the lawn, I'll give you five dollars.

例(7)的意思不仅包括"P→Q"(如果你修理草坪,我就会给你五美元),还包括"¯P→¯Q"(如果你不修理草坪,我就不会给你五美元)。

为什么会出现条件句的强化?这就需要在语义逻辑的基础上再引入语用逻辑来说明。当代语用学主要研究"会话含义"(conversational implicature)。Grice(1975)提出了会话原则中的四个准则:量的准则、质的准则、相关准则和方式准则。

Grice(1975)会话理论中量的准则可以分成两个部分,分别为第一数量次准则和第二数量次准则:

(8)第一数量次准则:说话人应该尽量地说,提供最强的信息。

第二数量次准则:说话人不要说太多,提供完成交际的信息即可。

Levinson(1987;2000)将这两个次准则发展成了 Levinson 三原则的前两个原则,即量原则(Q-Principle)和信息原则(I-Principle),如下所示:

(9)量原则:说话人不说信息量不足的话;

　　　　　听话人推论说话人已经提供了最强的信息。

信息原则:说话人提供完成交际目的的信息量即可;

　　　　　听话人力图把话语信息扩展到极限化。

为了说明量原则和信息原则,我们举以下两个例子:

(10)a. 老王的分数在八十分以上。

　　 b. 老王弄伤了一条腿。

对于例(10)a 来说,受话人认为发话人提供了最强信息,对于发话人未能提供的更强信息(如"老王的分数在九十分以上"),即推论为假。对于例(10)b来说,受话人需要尽量扩展,认定该句意义等同于"老王弄伤了自己的一条腿"。

现在,我们可以回到"也"字句的讨论上。在过去的研究中,对于条件句的强化,有的学者利用量原则解释,主要代表有范德奥韦拉(van der Auwera,1997)。量原则是利用量级进行的推理,例(10)a 和例(6)a 可以形成如下的量级:

(11)a. ＜九十分以上,八十分以上＞

　　 b. ＜校长去,老师去,你去＞

量级由一组命题构成有序集合,其中高级命题可以推出低级命题。量原则的思路是:对低级命题的陈述即构成对量级内高级命题的否定。确定"老王的分数在八十分以上",即在会话含义上否定"老王的分数在九十分以上"。

回到例(6)a,利用量原则解释的思路是:命题 Q"你去"、命题 R"老师去"和命题 S"校长去"都是命题 Q"我去"的充分条件,"你去"是其中的低级命题。当对"你去"进行陈述的时候,即否定了"老师去"和"校长去"这两个命题。这使得命题 P"你去"成了命题 Q"我去"的唯一充分条件,既然是唯一充分条件,即是必要条件,这就出现了条件句的强化现象。[①]

再看信息原则如何解读条件句的强化。信息原则在这方面处理较为简单,还是以例(6)a 为例,该句可以理解为:在当前交际中,说话人只提供了交际进行中所需要的信息"P→Q"(即"若你去,我亦去"),而剩下的会话含义"ˉP→ˉQ"(即"若你不去,我亦不去"),受话人需要自行推导出来。持这种观点的有Atlas 和 Levinson(1981)、Levinson(2000)和 Horn(2000)等。

仅从上述分析来看,无论是量原则还是信息原则,都可以解释说明条件句的强化。那到底从哪个原则出发解释更好呢? 我们不妨看真实语料中两个类似例(6)a 的例子(均摘自北京大学 CCL 语料库):

(12)"有点事。你俩快回家吧,饭在锅里。"春玲吩咐道。

　　明生瞪着眼睛看一霎,说:"不对,姐你哄人。 你要去当兵,我也去!"

　　"哪里去当兵?"春玲笑着,"是去工作。"

　　"水山哥,你说?"明生望着江水山。

　　"打反动派。"

　　"上战场?"明生追一句。

　　"是啊。"

　　明生放下野菜篓子,拉着春玲的胳膊,着急地说:"姐,你去,我也去! 领着我……"

(冯德英《迎春花》)

---

① 黄振荣(2010)提出了另外一种分析方案,这是以关联理论为基础,利用语境充实来说明问题。黄振荣(2010)先设定如下两个句子:(我们对原句做了一定修改,但不改变原义)

a.如果按下电筒开关,则灯泡会亮;b.如果我没有按下电筒开关,则灯泡不会亮。

如果将语境设定为:

语境 A:电池有电。语境 B:没短路。

那么,语境 A 是 a 句成立的背景条件,语境 B 是 b 句成立的背景条件。按照黄振荣(2010)的认识,在语境 A 和语境 B 同时起作用的情况下,话语中的 a 句即可获得条件句的强化(因为语境 B 肯定了 b 句)。黄振荣(2010)认为条件句的强化是显义,而不是隐义。

我们认为,黄振荣(2010)的分析方案与量原则的分析方案本质上差别不大。该方案实际上是将ˉ灯泡会亮"的其他充分条件(如"短路")都排除在其设定的语境之外,这就是保留了"按下电筒开关"为唯一充分条件,进而获得条件句的强化。

(13)"有这样的老师，真是好玩！我赶明儿告诉父亲，也把我送到马
　　来学校去念书。"南星说。"<u>你要去，我也去</u>。可是你得天天背着
　　我上学！"
　　仙坡说。"可以！"
　　南星很高兴仙坡这样重视他。

（老舍《小坡的生日》）

观察这些例子中条件强化句"你（要）去，我也去"的上下文。我们可以发现如下特点：

第一，这些例子有着非常强的口语对话性质。在交际互动中，发话人给出"P→Q"的陈述时，只是为了满足交际中的即时需求。

第二，这些例子中发话人为了达成命题 Q，当前所考虑的充分条件只有一个命题 P。发话人和受话人之间并没有建立起一个含有高低量级的命题集合。总体说来，发话人在说"你去，我也去"时，其交际目的是促成"我去"。上下文中并不存在多个充分条件的命题。

第三，从语料可以看出，说话人只是在出现了命题 P 的时候，才希望促成命题 Q 的实现。这可以帮助受话人进一步推论，在没有出现命题 P 的情况下，自然也不会出现命题 Q，这就产生了"$\bar{P} \rightarrow \bar{Q}$"的会话含义。

进一步可以理解为，发话人提出"P→Q"等同于没有提供信息，近似于废话。因为，既然"你去"或"你不去"，都不影响"我去"，那为什么还要在例（6a）中将"你去"当成"我去"的充分条件？所以，只有结合信息原则，受话人推论出会话含义"你若不去，我亦不去"的时候，才可以满足交际中提供足够信息的要求。

现在，我们终于可以解决"也"字出现在"P→Q"中命题 Q 的情况，这是因为：表面上看，语义逻辑的分析是命题 Q 的发生概率更大，但是由于语用中的信息原则，使得"你去"和"我去"互为充分必要条件，P 与 Q 互为充分条件。这就使得 P 与 Q 的概率等同。仔细观察例（12）和例（13），我们还可以这么理解："我去"是很难发生的事件，需要有一个伴随事件"你去"发生和推动，才能实现。比如在例（12）中，主人公之一"春玲"当兵已经是即将要发生的事件 P，"明生"当兵的事件 Q 实际上不大可能发生。只是在"春玲当兵"事件出现之

后,"明生"表达了自己也要当兵的愿望。

如果承认在例(6)a 中,含有命题 Q,在概率上比命题 P 要低(至少是不高),那么,我们就可以做出如下的概率判断:

(14)P 被类同句(你去|可能世界总数)≥P"也"字类同句(我也去|可能世界总数)

语用中的信息原则为语义逻辑打上了补丁,很好地说明了"也"字出现在假设关系时,依然有低概率的语义,只是此时其低概率语义比较隐晦。

4　从否定—消极关联原则解读"也"的全称否定用法

"也"还有一种用法,需要利用语用逻辑来说明,这就是"也"允准全称否定句的用法。其中,主要的问题是,为什么"也"在疑问代词全称肯定用法和全称否定用法中出现了不对称的分布?

"也"一般只在全称否定式中出现,但一般不在全称肯定式中出现。与"都"相比,"也"存在分布不对称现象。请看:

(15)a. 他什么都知道。　　　(16)a. 他什么都不知道。

　　　b. 这部电影谁都看过。　　　b. 这部电影谁都没看过。

　　　c. 无论什么活动,他都参加。　c. 无论什么活动,他都不参加。

(17)a. ??① 他什么也知道。　　(18)a. 他什么也不知道。

　　　b. ?? 这部电影谁也看过。　　b. 这部电影谁也没看过。

　　　c. ?? 无论什么活动,他也参加。　c. 无论什么活动,他也不参加。

本文同意袁毓林(2004)的观点,认为疑问代词的全称用法,是一种任指的用法。在疑问代词指称的集合当中,每一个成员地位平等,不存在量级。比如,在例(15)b 中,假定情境造成的集合中有"张三、李四、王五"三个人,从中随意抽取一个成员,该成员"看过这部电影"的概率都与其他两人等同,其中某一人不会比另外两人更有可能观看这部电影。

---

① 　句前??表示该例句的合语法度存疑。

一个有力句法证据是："连"字句中无法容纳疑问代词的全称表达：

(19)a. *①他连什么都知道。　　b. *他连什么都不知道。

　　c. *他连什么也不知道。　　d. *这部电影连谁也没看过。

"连"字句被公认为是一种表达量级蕴涵的句式，连字句无法容纳全称表达的事实充分说明：全称表达所关联的集合内部不具备量级。

由于"也"具备了低概率特征，会造成成员之间具备量级，因此，从语义逻辑看，"也"难以满足疑问代词全称表达中"成员地位平等"的语义要求。按照这种推论，"也"既不能允准疑问代词全称肯定表达，亦不能允准疑问代词全称否定表达。

这样看来，"也"不能允准疑问代词全称肯定表达是其低概率特征带来的正常表现。那么，现在的核心问题是：为什么"也"可以允准疑问代词全称否定形式？

周韧(2024)发现："也"的低概率语义特征一般出现在肯定性的表述中；在否定性的表述中，"也"的低概率特征会被严重弱化。请看以下例子：

(20)a. 他对上级态度好，对下级态度也好。

　　b. *他对下级态度好，对上级态度也好。

(21)a. 他对上级态度不好，对下级态度也不好。

　　b. 他对下级态度不好，对上级态度也不好。

"对上级态度好"是一般性事件，相对来说，"对下级态度好"是特殊事件。在肯定表述的例(20)a中，"也"修饰低概率特殊事件。如果修饰高概率一般事件，那么如例(20)b所示，句子不合格。

严格按语义逻辑分析，在否定形式中，"对下级态度不好"是相对高概率的一般事件，而"对上级态度不好"是相对低概率的特殊事件。但我们的语感却是，在否定形式中，一般和特殊的区别已经被淡化，"也"的低概率义已经基本消失。例(21)a若按概率的逻辑分析，本应是不合格的，但事实是，这是一个合格的句子。

不如再看一些例子：

---

① 句前*表示该例句不合语法。

(22)a. 牛奶没有了,面包也没有了。

　　b. 面包没有了,牛奶也没有了。

(23)a. 不该来的都没来,该来的也没来。

　　b. 该来的都没来,不该来的也没来。

从逻辑上分析,例(22)b 和例(23)b 中,"也"修饰的小句都表达了发生概率相对较高的事件小句,但上述所有句子都是合格的。这说明,"也"的低概率特征在否定式中难以发挥作用。

下面,我们可以更加详细地进行说明。从概率上说,某个事件发生的概率与不发生的概率总和为 1。比如,对于 A 事件来说,可以有:

(24)A 事件发生概率＋(－A)事件发生概率 ＝1

这个关系可以表现为图 1。

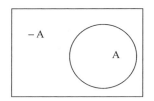

图1　事件发生概率示意图

我们可以对例(20)和例(21)所表述的事件进行如下的概率设定,这种概率可以用可能世界的角度描述。以例(25)的 A 事件为例,指的是"他对上级态度好"的可能世界数量在可能世界的总数中所占的比例。请看例(25):

(25)A 事件:他对上级态度好;(设定概率为 0.7)

　　－A 事件:他对上级态度不好;(概率为 1－0.7＝0.3)

　　B 事件:他对下级态度好;(设定概率为 0.4)

　　－B 事件:他对下级态度不好;(概率为 1－0.4＝0.6)

这种概率可以用可能世界的角度进行描述,指的是:"他"在若干个可能世界中,"对上级态度好"的可能世界的数量在所有可能世界中所占的比例。按照社会常识,可以认为:一个人对上级态度好的概率要高于其对下级态度好的概率。所以,当我们把 A 事件概率设定为 0.7,B 事件概率就低于 0.7(本文设定为 0.4)。

在例(25)中,A 事件与 B 事件具有类同关系,－A 事件与－B 事件具有类同关系。如果我们将"也"认定为表达低概率语义。那么例(20a)可以分析为:

(26)P 被类同句(A|X)≥ P"也"字类同句(B|X)

$$(A|X)=0.7 \quad ≥(B|X)=0.4$$

例(26)的概率分析,可以允准"也"在类同句中出现。例(20)b 可以分析为:

(27)P 被类同句(B|X)≤ P"也"字类同句(A|X)

$$(B|X)=0.4≤ (A|X)=0.7$$

在例(27)中,"也"出现在概率相对更高的句子中,与其本身具备的低概率语义发生冲突,导致例(20)b 不合格。

那么,按照例(26)和(27)的分析模式,可对例(21)a 作如下概率分析:

(28)P 被类同句(－A|X)≤ P "也"字类同句(－B|X)

$$(－A|X)=0.3≤ (－B|X)=0.6$$

例(28)的分析预测例(21)a 中小句是不合格的,但是事实恰好相反,例(21)a 是一个合格的句子。"也"可以出现在概率相对更高的类同句中。这里头说明,语义逻辑的作用被语用逻辑所限制。

周韧(2024)提出"否定－消极关联原则"进行解释,该原则可以表述为:在否定格式中,说话人的消极情绪将会中和事件发生概率的高低。或者说,消极情绪会使得语言使用者对语言的解码动力不足。我们认为,只有在肯定的情况下,语言使用者才会关心事件发生的概率,但在否定情况下,语言使用者会具有一种消极的情绪,对事件发生的概率高低不在乎或漠视。例如,一个人只有拥有面包和牛奶时,才会有积极性去思考获得它们的难易程度,或者说,这才值得思考。在一个人既不拥有面包也不拥有牛奶的情况下,他在情绪上会觉得:既然都没有,去思考概率高低是完全无意义的行为。用俗话表达就是:反正都没有,想那么多干吗?

我们可以将语义逻辑下否定对概率的影响表示如下：

（29）P 被类同句（A｜X）≥ P"也"字类同句（B｜X）

↓

否定

↓

P 被类同句（－A｜X）≤P"也"字类同句（－B｜X）

但实际上，语用逻辑的介入，使得真实的情况为：

（30）P 被类同句（A｜X）≥ P"也"字类同句（B｜X）

↓

否定

↓

否定－消极关联原则（"也"字低概率语义弱化）

↓

P 被类同句（－A｜X）≈P"也"字类同句（－B｜X）

语言上的否定通常用来表达一些不如意的事件，"否定词＋动词"常常带有失去、失败、损失和虚无的意味，这会给语言使用者带来一种消极情绪，对于语言符号的数理逻辑计算就失去了动力。具体说来，否定词是一个算子，"也"可以视作另一个算子，这要求语言使用者调动更多大脑资源对多个算子进行解码。可是在消极情绪下，语言使用者失去了语言符号解码的动力，造成了"也"字的低概率特征在否定格式中的严重弱化。在低概率特征弱化后，"也"只剩下了类同义。此时，可以说被类同句和类同句在概率上大约等同，更确切地说，此时的语言使用者已经不关心句子之间的概率大小问题了。

现在，我们可以对"也"出现在疑问代词全称否定式的用法作出解释了。首先，在肯定式中"也"的低概率特征依然存在，因此很难符合全称表达中集合内部成员具有平等地位的要求；但在疑问代词的全称否定式中，"也"的低概率特征因为"否定－消极原则"的作用被严重弱化，仅保留了加合性的类同语义，此时"也 VP"的语义贡献趋同于"都₁VP"，可以平等无差别地覆盖集合中的每一个成员。这种差别，使得"也"可以出现在疑问代词的全称否定表达中，但是很难出现在疑问代词的全称肯定表达中。

"否定－消极关联原则"不光能说明否定句中"也"字低概率弱化的情况，还在现代汉语的其他方面起着作用。比如，常见的"差点儿没 VP"的冗余否定。请看：

（31）a. 他差点儿考上北京大学。

　　　 b. 他差点儿没考上北京大学。

（32）a. 他差点儿摔一跤。

　　　 b. 他差点儿没摔一跤。

例（31）a 语义是"没考上北京大学"，例（31）b 是"考上了北京大学"，但是例（32）a 和例（32）b 的语义都是"没摔跤"。"考上了北京大学"是积极如意的事件，"摔一跤"是消极的不如意事件。朱德熙（1980）曾用"企望原则"来说明问题。

我们可以看到，在修饰消极事件时，隐性否定成分"差点儿"和显性否定成分"没"叠加在一起的时候，就造成了例（32）b 的冗余否定。这也可以看成是"否定－消极原则"作用下的一个实例。

袁毓林（2014）也谈到了"怀疑"的隐性否定问题，请看以下例子：

（33）a. 大家怀疑这件事的真实性。

　　　 b. 他怀疑这次录取工作具备公正性。

（34）a. 大家怀疑这件事是假的。

　　　 b. 他怀疑这次录取工作缺乏公正性。

在例（33）中，"怀疑"的语义大约等同于是"不相信"，而例（34）的"怀疑"的语义大约等同于"相信"。袁毓林（2014）利用"信恶疑善"原则来解读上述例句。可以看出，无论是例（33）还是例（34），语言使用者的解读都是认同负面事件。

在我们看来，"怀疑"的本义就是表达"不相信"。"否定－消极关联原则"在例（34）中发生了作用，因为表示隐性否定的"怀疑"再搭配一个负面消极事件使用的时候，就造成了隐性否定的冗余，进而导致了"怀疑"表达"相信"的结果。

5 结语

　　"也"的低概率特征,是"也"字所具有的语法意义。用"也"来说明类同句相较于被类同句发生的概率更低,是语义逻辑的直白体现。本文注意到,"也"在表假设关系的时候,由于语用上信息原则的作用,低概率特征变得隐晦。"也"出现在疑问代词全称否定形式中的时候,由于"否定－消极关联原则"的作用,低概率特征被严重弱化。这强烈地说明,在语义逻辑分析的基础上,引入语用逻辑非常重要和必要。否则,我们只能承认例外,破坏了规则的完整性和说服力。

　　王维贤先生(1995)早就意识到了这种复杂性,指出:"自然语言的句子不是独立于语义和语用的自治的系统,而是在语义和语用平面上受制于语义和语用诸因素,形成不同平面中的不同的句法形式。由于自然语言句法的复杂性,语言的句法必须多层次、多角度地进行研究,逻辑便是诸多角度的一个重要的角度。"

　　本文的研究得到了教育部人文社会科学重点研究基地重大项目(项目批准号:22JJD740005)和中宣部"2019 年文化名家暨'四个一批'人才项目"的资助。

参考文献

黄振荣,2010,《条件句的强化与显义学说》,《当代语言学》第 4 期,第 326—337 页。

吕叔湘,1982,《中国文法要略》,北京:商务印书馆。

马真,1982,《说"也"》,《中国语文》第 4 期,第 283—288 页。

王维贤,1995,《逻辑与语法》,《杭州师范学院学报》第 1 期,第 94—102 页。

王维贤,2007,《语言逻辑》,载《王维贤语言学论文集》,北京:商务印书馆,第 380－385 页。

袁毓林,2004,《"都、也"在"Wh＋都/也＋VP"中的语义贡献》,《语言科学》第 5 期,第 3—14 页。

袁毓林,2014,《"怀疑"的意义引申机制和语义识解策略》,《语言研究》第 3 期,第 1—12 页。

周韧,2024,《试说副词"也"的低概率特征》,《中国语文》第 5 期。

朱德熙,1980,《汉语句法中的歧义现象》,载《现代汉语语法研究》,北京:商务印书馆,第 169－192 页。

Atlas,J. D. and S. C. Levinson. 1981. "It-clefts, informativeness, and logical form: Radical pragmatics (revised standard version)". In P. Cole, ed. *Radical Pragmatics*. New York: Academic Press. pp. 1-61.

Grice,H. P. 1975. "Logic and conversation". In P. Cole and J. L. Morgan, eds. *Syntax and Semantics 3: Speech Acts*. New York: Academic Press. pp. 41-58.

Horn,L. R. 2000. "From *if* to *iff*: Conditional perfection as pragmatic strengthening". *Journal of Pragmatics* 32, pp. 289-326.

Levinson, S. C. 2000. *Presumptive Meanings: The Theory of Generalized Conversational Implicature*. Cambridge, MA: The MIT Press.

van der Auwera, J. 1997. "Conditional perfection". In A. Athanasiadou and R. Dirven, eds. *On conditionals again*. Amsterdam: John Benjamins Publishing Company. pp. 169-190.

过程视域中的汉语时体范畴

浙江科技大学人文学院　　税昌锡

提　要　研究现状表明,汉语时体研究需要充分重视其自身类型特征。本文对王力先生深入过程内部观察各个阶段情貌的时体观,以及吕叔湘先生"动作完成就变成状态"的过程观进行阐发,对"事件"和"事态"从过程角度进行定义,建立事件过程结构模式,结合时体表现句法实现的层次性和系统性,对不同层次时体标记或语法手段的核心时体义做简略讨论。这一研究取向有助于促进汉语时体范畴的理论构建。

关键词　事件过程结构;事态演进;时体范畴;过程视域

0　引言

动词表示的动作在一维的时间轴上展开,其在特定环境或条件下体现出来的时间性特征通常称为"时体"(aspect)。自黎锦熙(1992:229－234)以"语气"之名揭示"了"的"完结语气"至今已有 100 年历史,尤其自 20 世纪 90 年代以来,汉语时体范畴在借鉴 Comrie(1976)、Smith(1991)等倡导的双部理论,即以词汇手段表现的动词情状类型和与之相关的由语法手段标记的语法体基础上展开讨论,可以说是新见迭出,成果丰硕。然而动词情状分类并不重视动词或事件随时间展开的过程性,基于情状类型的时体标记其语法意义的研究容易忽视动词或事件随时间展开的过程性本质,一些跟过程相关的时体现象便不易得到较好的说明,导致某些局部或个案研究至今认识不统一。

本文尝试以事件过程观为理论基础,对汉语时体范畴的过程特征及语法表现做初步探讨,希望对汉语时体范畴的理论构建有所助益。

1 现状与问题

汉语界对时体范畴以时体义类型及语法表现为研究本体已有 100 年历史,最近 30 年来,不断向相关领域纵横拓展,发表了大量成果,有力地推进了人们的认识。

(一)时体类型及其语法表现。大致以 20 世纪 90 年代为界分为前后两个时期。前期人们根据动词或事件的阶段特征,主要关注时体义的语法表现及其归类,如"普通""进行""完成""近过去""开始""继续""短时貌"等。王力、吕叔湘、高名凯、赵元任等都进行过较详细的讨论,使汉语时体系统得以初步建立。90 年代至今,人们在继承前人研究,同时借鉴国外时体理论的基础上,着重于不同时体标记的语义功能的讨论,研究向纵深拓展,对各种时体标记语义功能的讨论成果迭出,但异见纷呈,难成共识,如"了"的功能迄无定论。

(二)时体标记的语篇功能及其表现。篇章中的时间推进不仅关涉其重要组织机制,还统摄重要的时体问题。时体标记的语篇功能自然引起一些学者的关注,如王洪君、李榕、乐耀(2009)、乐耀(2011)等。饶宏泉(2021)首次从语篇语法的理念入手,在对时间推进的语法要素展开功能分析中,较为全面地讨论了"了""着""过"等的篇章功能。最近十年来,有学者受语体语法理论启示,将时体研究的范围扩展到不同语体文本的时体表现,如刘林、陈振宇(2012)、杨素英、黄月圆(2013)等。该类研究通过考察时体标记在操作、说明、叙事、口语、小说、报刊新闻等语体中的出现频率,力求发现它们在不同语体中出现的频次差异。

(三)时体范畴的理论探索。跟印欧语相比,汉语时体具有显著的类型特征。石毓智(1992)、龚千炎(1995)、戴耀晶(1997)等在借鉴 Quirk 和 Comrie 等人的观点的同时结合汉语自身表现,对汉语时体范畴进行了初步的系统性理论探讨。尚新(2007)、陈前瑞(2008)在参照国外时体理论的同时,力求揭示汉语时体范畴的类型学差异。王力先生(1985:153-155)早就指出,印欧语倾向于从外部观察事件发生的时间,而汉语倾向于深入过程内部观察各个阶段的"情貌"。然而迄今基于过程内部的汉语时体表现仍然少有系统而全面的讨论,因此仍然是一个值得深入探索的理论课题。

纵观 100 年来的汉语时体研究,作为基础的时体类型及时体标记的语义功能一直吸引着众多学者的关注,成果丰硕,同时引发一些学者进行初步的理论探索。新世纪以来,时体范畴的语体和篇章功能逐渐引起人们的兴趣,并取得了初步成效。这些研究为该领域的深入发展以多维启示,奠定了坚实基础,但也存在明显不足:适应汉语个性的时体理论尚未形成,急需努力探索。由于缺乏强有力的理论支撑,一些时体表现及功能难成共识,随之也影响到相关领域的全面深入推进;也因此,一些跟时体相关的概念及时体现象尚未得到深入讨论。略举数例:

(一)跟时体相关的事件、事态、事件结构、事件过程结构等概念意见分歧,没有得到充分讨论。一个研究领域必然涉及诸多概念,需要对其内涵和外延做清晰界定。"时体"关涉"事件",但究竟涉及哪些概念,国内外文献都少有系统讨论,对核心概念"事件""事态"等的认识也并不统一。综观文献,有必要理清并建立适合汉语特点的时体概念系统。

(二)基于句法层次的时体标记系统的讨论欠缺。时体反映动作的阶段性特征。除了助词"了""着""过",有些动词本身具有时体义,如"开始""进行""继续""结束";有的通过形态变化体现时体义,如动词重叠和复叠;有些副词做状语体现时体义;有些动词后跟补语体现时体义;有些句末语气词兼表时体义。这些不同句法层次的时体表现其语义功能如何互动,目前尚无系统讨论和体系构建。

(三)对"同标异义"现象的认知理据缺乏讨论。"了""着""过"在不同语境中的时体义常有差异。其一,它们既可标记动态,也可标记静态;其二,它们在不同语法环境中的时体义也可能不完全等同。以"了"为例,文献中 20 多种说法难以解释其既可标示起始事态也可标示完结事态(开始了一天的工作/结束了一天的劳动);"挂了三天了"有三种理解,"了"究竟表示什么时体义?跟"同标异义"相对的是"异标近义"现象。多数文献以揭示范畴义为目标,往往将不同句法功能的时体标记相类列,如助词"着"和副词"(正)在"同为延续体标记,词尾"了"、句尾"了"和副词"已经"同为实现体标记,"曾经"与"过"同为经历体标记。不同句法地位时体标记的功能差异及其相互关系少有讨论或讨论不充分。

　　(一)和(二)的欠缺必然影响到(三)等现象的研究,反之,(三)的问题反映了(一)和(二)的不足。为了推进时体范畴研究,有必要在继承和总结已有成果基础上,同时借鉴和吸收认知语言学、语言类型学、过程哲学等国外理论的合理因素,探索适合汉语特点的时体理论及研究范式。

2　过程观中的事件与事态

2.1　事件及其过程结构

　　事件由动词及相关论元构成。由于动词表示的动作在一维的时间轴上展开,具有过程特征,事件也因此具有过程性。过程哲学观认为,事件天然地蕴含着时间,事件是一个过程而非静止的画面。跟印欧语相比,汉语时体的过程特征更为明显,这跟王力先生([1985:151)指出的汉语倾向于深入过程内部观察各个阶段"情貌"的类型特征相契合。郭锐(1993)从过程视角对汉语动词的过程结构做过详细讨论,其研究富有启示意义,但以 Vendler(1967:106)、Smith(1991:30)传统将动态动词和状态动词相平列则留有可商榷的余地。通常情况下,动作不可能永久进行,总会有终结,动作终结就会变成状态,换言之,动作和状态处在随时间延展的过程中,二者呈前后过递或继起关系。因此吕叔湘(1990:56−59)指出:"动作和状态是两回事,但不是渺不相关的两回事,事实上是息息相通的。""动作完成就变成状态。"以动作为特征的活动可能具体表现为"起始""持续"或"终结"事态,活动终结后的遗留状态同样可能表现为"起始""持续"或"终结"事态。受吕叔湘先生过程观的启示,税昌锡(2012;2014)将一个完整事件的过程结构图示为图1:

→活动未展开·活动起始→活动持续→活动终结·遗留状态起始→遗留状态持续→

图 1　事件过程结构模式

　　如图1所示,遗留状态由于其恒久持续特征,通常不具有自然终结点,但受外力影响可有任意终结点。如"树上挂着一只鸟笼"描述"挂鸟笼"活动终结后处于遗留状态持续事态,人们难以判断"挂着"状态何时终结,但当有人取走鸟笼或受外力影响鸟笼脱离树上,"挂着"状态自然不复存在,因此也有"树上挂过一只鸟笼"类似表达式。

2.2 事态、事态转化与动词的类

根据图1,事件随时间展开过程中呈现的内部状态,可称为"事态"。如图1所示,一个典型事件的完整过程可分解为三个阶段(活动未展开、活动阶段和遗留状态阶段)和六种事态,箭头表示一个完整事件的事态过递转化方向,黑圆点表示阶段与阶段的临界状态。随时间展开过程中的事件其动作要么处于起始事态,要么处于进行或持续事态,要么处于终结事态,某些具有遗留状态特征的动词还可以呈现动作终结后的遗留状态,具体呈现为遗留状态起始或持续事态。

不是所有的动词都能展现图1所示的完整过程的所有事态,因此动词可以根据其在事件过程结构中可能展现的事态及事态过递转化差异进行分类。如起始动词"开始""起航""开幕"只能描述活动起始事态;完结动词"结束""完成""闭幕"只能描述活动终结事态;活动过程动词"建造""编撰""粉刷"实际蕴含从起始事态过递持续事态,最终转化为终结事态,即可以描述活动阶段的三种事态;状态动词"端坐""悬挂""支撑"不具有动态特征,但具有较强的遗留状态特征,等等。税昌锡(2015)以图1为观察平台,将动词的事态结构分为10类,其中典型的附着动词,如"摆""盖""挂""铺"等,兼有活动和遗留状态阶段的所有事态特征。以"摆"为例(除特别注明外,本文例句来自CCL语料库,下同):

(1)千代子来到伙房,已经开始摆饭了。

(2)我是被一本正经地打发来叫你进屋去的,史密斯太太正在摆着向你表示敬意的好茶呢。

(3)孙老元已经在家摆了一桌酒,两人一到,就让入座。

(4)致庸随伙计匆匆走来,柜台上已经摆了好多个银冬瓜,小混混的人数也越来越多,都闹哄哄地堵在门口。

(5)康德的私宅是在校任教后不久才买下的,共两层。书房里摆着两张普通的书桌,墙上挂着一幅卢梭的画像。

(6)那个不幸的人曾在市集上卖技,也摆过书信摊。

　　(7)若不是那根钢柱还竖在地面,此处全看不出曾经摆过信箱。

　　例(1)的"摆"凸显活动起始事态,例(2)的"摆"凸显活动持续事态,例(3)的"摆"凸显活动终结事态,例(4)的"摆"凸显遗留状态起始事态,例(5)的"摆"凸显遗留状态持续事态。例(6)的"摆"有施事者在场,凸显活动经历事态,例(7)的"摆"因施事者退隐,凸显遗留状态经历事态。以"过"标示的经历事态可以是完整性经历也可以是反复性经历,详细讨论参见税昌锡(2015)。

3　动词或事件时体表现句法实现的层次性和系统性

　　图 1 所示的事件过程结构,其内部随时间展开所呈现的各种事态可以通过不同语法手段得以体现。传统研究关注时体标记跟动词组合的语法意义。其实,时体标记只是动词时体特征的外在表现,因此从相反角度,即从动词或事件的过程结构出发,探究其可能的时体表现更容易揭示其时体内涵。时体义通过不同的语法手段表现出来,综合而言,包括时体标记句法实现的层次性和系统性。层次性是指词或事件跟不同类型时体标记共现的句法层次,如图 2 所示:

[[[[[时体副词+[[[动词]+时体助词]]+(宾语)]]]]+时体语气词]]]]]

图 2　时体表现句法实现的层次性和系统性

　　如图 2 所示,以动词为中心向边缘扩展,共有 5 个层次,每个层次都有时体义的语法表现。

　　(一)最核心的[动词],有的本身就表示时体义,如"开始""持续""继续""进行""结束""完",有的通过语法形态表示时体义,如重叠(走走,看看,观察观察)和复叠(走走看看,来来回回,观察来观察去)。

　　具有阶段特征的活动动词还可以通过在后面加上趋向动词如"起来""下去",以及结果或状态补语表示时体义,如"笑起来"的"起来"表示起始事态,"唱下去"的"下去"表示"延续事态","吃饱""喝醉"的"饱""醉"表示"吃""喝"动作近于完结事态。

　　(二)第 2 层[[动词]+时体助词]]涉及动词跟"了""着""过"的共现差异

及其功能,需要从认知和功能上做出解释。结合图 1 辨析前文例(1)—例(7),
"了""着""过"正好可以标示图 1 所示的各种事态,税昌锡(2014)将其码化并
图示为图 3:

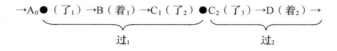

$$\rightarrow A_0 \bullet (了_1) \rightarrow B (着_1) \rightarrow C_1 (了_2) \bullet C_2 (了_3) \rightarrow D (着_2) \rightarrow$$

$$\underbrace{\qquad\qquad\qquad}_{过_1} \qquad \underbrace{\qquad\qquad}_{过_2}$$

图 3　"了""着""过"在事件过程结构中的分布

图 3 显示,"了""着""过"可以标示活动事态,也可以标示遗留状态事态,因
此至少存在两个变体:例(1)、例(3)、例(4)的"了"分别为"了$_1$""了$_2$""了$_3$",例
(2)、例(5)的"着"分别为"着$_1$""着$_2$",例(6)、例(7)的"过"分别为"过$_1$""过$_2$"。

(三)第 3 层[[[动词]+时体助词]]+(宾语)]]],如果动词带宾语,宾语
的指称性和界性特征会影响到动词的时体表现。如"读书"和"读一本书,读那
本书",前者无界特征强于后者,后者有界(完结)特征强于前者,一般情况下
"读了书"容易被理解为书未读完,"读了一本书"容易被理解为书读完了。

(四)第 4 层[[[[时体副词+[[[动词]+时体助词]]+(宾语)]]]]]涉及时
体副词,如"曾经""已经""在""正在""正"等,它们是第 3 层结构的时体表现,
同时受到该层级时体特征的制约,它们跟时体助词"了""着""过"的功能差异
及互动关系值得深入讨论。

(五)外层即第 5 层涉及时体语气词"了$_2$""来着"等,它们是第四层结构的
时体表现,同时受到该层级时体特征的制约。上述问题的深入研究使不同句
法层次时体标记的功能差异及互动关系得以彰显。

综上,时体表现的系统性涉及两个方面。一是同层次时体标记标示事
件过程结构不同事态的互补性与系统性,如"了""着""过"彼此分工,一起
标示事件展开的完整过程;二是不同层次时体标记在标示事件过程相应
事态的功能差异与互补性,如"着"和"在"都表示动作的持续延展义,但二
者存在互补性功能差异,下文做简略讨论。不同层次时体标记或语法手
段的综合系统研究能使其功能差异及互动关系得以彰显,从而使汉语时
体系统得到精细刻画。

4   现象与解释

以图 1 所示的事件过程结构为观察平台,同时重视图 2 所示的时体表现句法层次性和系统性,可以对时体或跟时体相关现象研究中的一些复杂问题进行认知功能解释。以下列举三种现象略作阐明。

(一)致力于时体研究的学者一般根据动词是否具有"动态""持续""终结"特征对动词进行情状分类,静态(状态)动词因不具动态特征而成为这一分类标准下跟动态动词平列的一类(Smith,1991:30;马庆株,1981;陈平,1988)。这势必导致将兼具动态和静态特征的动词,如"摆""盖""挂""贴""粘"等,列出两个义项分别对待(刘宁生,1985;李临定,1985;郭锐,1993)。事实上这一认识掩盖了图 1 所示的动态和静态(遗留状态)间过程演进的过递或承继关系,前文例(1)—例(7)已做初步讨论。值得关注的是,动词的过程特征不同可能影响到其论元选择及配位方式的不同。例(1)—例(7)表明,对某些动词而言,其活动阶段对施事有强制性共现要求,而到了遗留状态阶段,施事退隐而处所成分成为必有论元。鉴于此,有必要对曾经名噪一时的配价语法理论补充"过程配价"这一概念,以此探讨动词过程特征对论元的选择限制关系。

(二)汉语界对各类体标记的讨论成果迭出,但异见纷呈,难成共识。最典型的是"了",其语义功能迄今已提出过 20 多种说法(税昌锡,2012),较有代表性的是刘勋宁(1988)"实现"说。但"实现"说也不易解释例(8)—例(10)中"了"时体义的细微差别。

(8)化学家的努力,使生物学的发展又开始了一个新时期。

(9)960 年,北宋王朝的建立结束了五代十国割据的局面。

(10)a.我在我的炕脚下给小狗用麦草铺了个窝。

   b.炕脚下铺了个麦草窝。

例(8)和例(9)中的"开始"和"结束"分别描述一个动态过程的两端,如果坚持"了"表示"实现"义,"实现"须细分为"起始事态实现"和"终结事态实现"。例(10)a 的"铺"有施事者在场,"了"可以理解为"铺"动作的"终结事态实现",

而例(10)b 的"铺"施事者退隐,描述动作终结后的状态,"了"表示"遗留状态起始事态实现"而不再表示动作"终结事态实现"。鉴于"起始"和"终结"语义完全对立,"实现"难以统摄二者,加上例(10)"了"的如图 3 所示的"了₂""了₃"的"接力棒效应","了"的"实现说"难以负载解释这些差别的负担。如图 3 所示,"了"的功能实际标示的是一段活动或状态的端点特征。"了"的端点标记功能还可以便捷地解释如下现象。

(11)a. 昨晚我写了一封信。

b. 昨晚我写了一封信,可是没写完。(引自 Tai,James H-Y (1984))

(12)昨天我从超市买了一箱苹果和一箱水蜜桃,今天早上我吃了水蜜桃,味道很不错。

由于写一封信是具有起点和终点的一段行为,例(11)a 没有上下文,很难确定信是否已经写完;例(11)b"了"标示的是写一封信的起始事态。同理,例(12)的"了"标示的也是"吃水蜜桃"的起始事态。

(三)跟动词共现的"着"和"在",学界对其时体义有两种认识。一种认为它们都表示动作的延展义,但对其是否表示"持续"义还是"进行"义不加区别,对它们所标示的时体特征要么说成"持续体",要么说成"进行体";一种觉察到"着"和"在"虽然都表示动作的延展义,但还是有所区别,所以分别说成"持续体"和"进行体"。由于"着"和"在"的句法地位不同,其功能必然存在差异,因此本文赞同"着"为"持续体"标记,"在"为"进行体"标记。做如此分别的原因还在于,"持续体"标记"着"不具聚焦功能,其时体义表示的是无界的或无聚焦特征的延展行为,而"进行体"标记"在"具有一定程度的聚焦功能,表示对无界或无聚焦特征的延展行为进行一定程度的聚焦。如图 2 所示,作为时体副词,"在"是第 3 层次[[[动词]+时体助词]]+(宾语)]]]的时体体现,受层次影响,动词带"着"后可以受"在"修饰,但受"在"修饰的动词或动词语不一定都要带"着"。跟"在"相关的还有"正在"和"正",三者的功能差异体现在对一段持续延展行为的聚焦度的强弱差异上,"在"的聚焦度弱于"正在","正在"的聚焦度又弱于"正",即:在<正在<正。下文举例略作阐明。

(13)我在大门外看着,一直看着他走过了东大桥,几乎是看不见了,
　　我还在那里看着。

(14)我一直在看着你,从我十五岁开始,我就一直在看着你。

　　因为"着"表示持续延展义,不具聚焦功能,其动作的起点和终点特征模糊,所以动词常受"一直""总是""老是"等副词修饰,如例(13)。如果动词表示的动作是一段时间内的行为,动词前则可以受"在"修饰,此时"在"具有弱聚焦的功能,如例(14)。如果不强调动作的持续特征,只突出对一段时间的聚焦一面,"着"则不宜出现,如例(15)。

(15)上次我们一起在海南开会,我看见你休息的时候就在看一本英
文书。

跟"在"相比,"正在"的聚焦度要强于"在"。例如:

(16)一抬头,他发现郑太太正在看着他。

(17)上述照片可以证明他当时正在看协议。

比较例(16)和例(17),例(16)的"着"凸显了"看"的持续延展特征,而例(17)"看"不带"着",其持续延展特征不被凸显。

跟"在"和"正在"相比,"正"的聚焦度最强。例如:

(18)我下意识地看了宋宪一眼,宋宪也正看着他。

(19)也许,那时我的父亲正在写一本书,我正看着他写。

(20)听到消息的时候,我们正看电视中的天气预报。

例(18)、例(19)的"正看着他""正看着他写"似可说成"正在看着他""正在看着他写",但仔细体味,后者的聚焦度不及前者。例(20)受前事件"听到消息"骤然性的影响,"看电视中的天气预报"被强聚焦,因此"看"受"正"修饰且以不带"着"为宜。"正"的强聚焦特征致使并不具续断特征的起始义或成就义动词也可受其修饰,如例(21)的"开始"和例(22)的"遇见"。"正"的强聚焦特征还可以从副词"正好"得到体现,试比较例(22)的"正遇见"和例(23)的"正好遇见"。

(21)那时候我正开始作白话诗,常同一班朋友讨论文学问题。

(22)校长领我到活动室,正遇见高年级的孩子们正在制作根雕。

(23)小英和小坡刚进了讲堂,迎面正好遇见张秃子。

5　结语

　　跟印欧语相比,汉语的类型特征明显,时体范畴尤其如此。依据或仿照国外时体理论关照汉语,只会是方枘圆凿,得出似是而非的结论。王力先生(1985:151)早就注意到,印欧语倾向于从外部观察事件发生的时间,而汉语倾向于深入过程内部观察各个阶段的"情貌"。相隔 50 多年后,巴特(Bhat,1999)才提出类似的观点,认为英语凸显时制,而汉语凸显时体。本文继承王力、吕叔湘等先生的观点,强调汉语自身特点,主张汉语时体研究从两方面展开:一是根据"时体"的事件属性,厘清"过程""事件""事态"等相关概念的联系与区别,建立事件过程结构模式,使汉语时体研究有一个有效的观察平台;二是拓展研究范围,注重动词或事件时体表现句法实现的层次性和系统性,不仅重视典型时体助词"了""着""过"的研究,还重视动词或事件不同句法层次时体义的其他表现形式。两方面的合力有助于汉语时体范畴的系统性研究,避免见树不见林的个案或局部性探讨。

　　本文基于事件过程结构模式,结合时体表现句法实现的层次性和系统性,对不同层次时体标记的核心时体义做简略讨论。特定条件下时体标记的具体功能还受到时制(tense)、情态(modality)乃至语篇等的影响而产生细微差异,其复杂性以及认识上的分歧也因此产生。这些因素值得深入研究。

参考文献

陈平,1988,《论现代汉语时间系统的三元结构》,《中国语文》第 6 期,第401—422 页。

陈前瑞,2008,《汉语体貌研究的类型学视野》,北京:商务印书馆。

陈振宇,2007,《时间系统的认知模型与运算》,上海:学林出版社。

戴耀晶,1997,《现代汉语时体系统研究》,杭州:浙江教育出版社。

龚千炎,1995,《汉语的时相　时制　时态》,北京:商务印书馆。

郭锐,1993,《汉语动词的过程结构》,《中国语文》第 6 期,第 410—419 页。

乐耀,2011,《从人称和"了₂"的搭配看汉语传信范畴在话语中的表现》,《中国语文》第 2 期,第 121—132 页。

黎锦熙,1992,《新著国语文法》,北京:商务印书馆。

李临定,1985,《动词的动态功能和静态功能》,《汉语学习》第 1 期,第 6—10 页。

刘林、陈振宇,2012,《从"了、着、过"看操作和说明语体问题》,《当代修辞学》第 6 期,第 71—82 页。

刘宁生,1985,《论"着"及其相关的两个动态范畴》,《语言研究》第 2 期,第 117—128 页。

刘勋宁,1988,《现代汉语词尾"了"的语法意义》,《中国语文》第 5 期,第 321—330 页。

吕叔湘,1990,《吕叔湘文集》第一卷,北京:商务印书馆。

马庆株,1981,《时量宾语和动词的类》,《中国语文》第 2 期,第 86—90 页。

饶宏泉,2021,《汉语篇章中的时间推进系统》,上海:学林出版社。

尚新,2007,《英汉体范畴对比研究——语法体的内部对立与中立化》,上海:上海人民出版社。

石毓智,1992,《论现代汉语的"体"范畴》,《中国社会科学》第 6 期,第 183—201 页。

税昌锡,2012,《基于事件过程结构的"了"语法意义新探》,《汉语学报》第 4 期,第 44—58、96 页。

税昌锡,2014,《事件过程结构及其动态特征——以"摆"类动词构成的附着事件为例》,载《语言学论丛》第 1 期,第 109—136、353 页。

税昌锡,2015,《"过"的时体义与经历事态标示功能》,《华文教学与研究》第 2 期,第 80—88 页。

税昌锡,2015,《汉语动词的事态结构》,《国际汉语学报》第 6 卷第 1 辑,第 142—161 页。

王洪君、李榕、乐耀,2009,《了₂与话主显身的主观近距交互式语体》,载北京大学汉语语言学研究中心《语言学论丛》编委会编《语言学论丛》第 40 辑,北京:商务印书馆,第 312—333 页。

王力,1985,《中国现代语法》,北京:商务印书馆。

杨素英、黄月圆,2013,《体标记在不同语体中的分布情况考察》,《当代语言学》第 3 期,第 268—283、376 页。

Bhat, D. N. 1999. *The Prominence of Tense, Aspect and Mood*. Amsterdam: John Benjamins Publishing Company.

Comrie, B. 1976. *Aspect. Cambridge*: Cambridge University Press.

Smith, C. 1991. *The Parameter of Aspect*. Dordrecht: Kluwer Academic Publishers.

Tai, James H. -Y. 1984. "Verbs and times in Chinese: Vendler's four categories". In David Testen, Veena Mishra & Joseph Drogo, eds. *Papers from the Parasession on Lexical Semantics*. Chicago: Chicago Linguistic Society. pp. 289-296.

Vendler, Z. 1967. *Linguistics in Philosophy*. Ithaca, NY: Cornell University press.

濒临消失的杭州闽语的前世今生

杭州师范大学人文学院　　徐　越

提　要　杭州市区范围内除吴语外,还有少量闽语方言岛分布。杭州闽语属再移民方言,其源头在福建省泉州市安溪县,经浙江省温州市平阳县 200多年的停留后至杭州。民间称其话为"温州话"或"平阳话",其闽语的真相长期未为外人知晓。随着与外界接触范围的不断扩大,其内部闽语交际空间日益缩小,导致其代际传承的突然断裂。在保护人类语言文化多样性的今天,对城市方言文化进行活态保护迫在眉睫。

关键词　杭州闽语;历史与现状;城市方言文化的活态保护

杭州市区范围内除吴语外,还有少量闽语方言岛分布。杭州闽语属再移民方言,它是浙南闽语在浙北的一个小分支。其源头在福建安溪凤城一带,经浙江平阳水头 200多年的停留后再迁至杭州。因其在杭州的分布区域偏远,使用人数少,与周边方言不能通话,加之民间习惯称其为"温州话"或"平阳话"等多种原因,其闽语的真相长期未为外人知晓。现移民在杭州已繁衍至第 6代,前 5代闽语保存完好,第 6代因语言习得环境的缺失,代际传承发生断裂,直接将杭州闽语推向濒临消失的边缘。以往文献少有提及,仅能从零星旁证和村民口述中窥见一斑。对其历史与现状的调查,对其未来的思考,无论是对移民历史、移民文化的研究,对方言分布、方言接触和方言濒危的考察,还是对人类语言文化多样性的保护,均具有重要意义。

1 杭州闽语的历史源头

从零星文献记载和村民口述中可知,大约在 350 多年前,福建省泉州市安溪县移民先迁至浙江省温州市平阳县水头一带,经 200 多年的停留后,大约在 150 多年前再迁至杭州。两次迁徙的过程大致如下:

(一)安溪至水头的首次迁徙

《方言与俗语研究》(温端正,2003):"据族谱记载(浙南闽南话)大都是明万历年间从福建漳州、泉州一带迁来。"

《温州方言志》(郑张尚芳,2008):"水头镇的这拨移民大多为明清易代之际,清初对台的禁海政策,促使大批漳泉移民迁至苍南(当时为平阳南部)、平阳、泰顺。"

据《廖氏家谱》记载及屏风村村民廖氏口述,当年福建安溪一带地少人多,百姓食不充饥,生活难以为继,廖姓宗族中有两兄弟率先从安溪县凤城镇北上,寻求生机,至平阳县水头镇一带时,发现那里依山傍海的地形酷似安溪老家,便就此停留,垦荒定居,繁衍生息。

(二)从水头至杭州的再次迁徙

《浙江省语言志》(傅国通、郑张尚芳,2015):"这些搬到温州地区的闽语移民人口,后来还继续外迁,近的如丽水、景宁,远的如浙北长兴、安吉、临安,江苏宜兴……都可见到'温州人'移民形成的方言岛,实际多是说浙南闽语的。"

杭州西湖区转塘街道长埭村的 8 个自然村居民,仅有柯村人为本地籍人士,其余人口大多系近代从温州平阳等地迁徙至此。

《杭州市余杭区镇乡街道简志》(杭州市余杭区地方志编纂委员会办公室,2003):"该村(百亩地村)村民的祖先是从温州迁移此地,全村 90% 以上的人会说闽南话。"

与上述零星记载相比,廖、郑两位村民的口述较为具体,清末平阳水头一带旱涝灾难极其频繁,庄稼绝收,百姓草衣木食,生计极度艰难,为求生存,只能再次迁徙。当时屏风村村民廖氏的太爷爷听说有个远房姑父已先行在杭州落脚,便带上四个年幼的儿子,随漂泊的人流北上投亲靠友。经半个多月的跋山涉水,最后在杭州郊外荒芜的小和山东塝落脚,开枝散叶至今。同行的移民大多为当时水头镇凤卧湾、内塘(现均属凤卧镇)等村的廖姓村民,现均聚居在小和山东麓呈一字散开的屏风、小和山和石马等村落。长埭村村民郑氏一家的迁徙经历与廖家大体相仿,与郑家同行的移民大多为当时水头镇凤林(现属凤卧镇)、七沙(现并入内塘村)等村的郑姓村民,现均聚居在小和山西麓的长埭村、上城埭村和中村村一带。

相关内容在杭州、余杭、临安等区县市志书中均未有提及。

综上,大致反映出以下四个方面的相关信息:

(一)迁徙时间:两次迁徙从开始到结束绵延的时间均长达百余年。首次迁徙,大致从明朝中晚期一直延续至清初。再次迁徙,大致从晚清一直延续至1956年下半年,因那时我国开始实行严格的户籍管理制度,时断时续的再迁徙才最后终止。

(二)迁徙原因:逃荒避难求生存是两次迁徙的主要原因。第一次以推力为主,迁出地地少人多,自然资源枯竭;海上倭患严重、陆地变乱迭起,加上政府海禁严厉,多重消极因素相叠,民不聊生,逼迫原住民硬生生迁出。第二次以拉力为主,迁入地有较好的自然资源,土地肥沃,有大片无人居住的山谷,尤其是太平天国后清政府推出优惠的招垦政策,各种积极因素叠加,吸引迁移者源源不断迁入。

(三)迁徙方式:投亲靠友为其主要迁徙方式。福建人宗族观念强,一人在外扎根后,会自发地从老家带出一大帮人来。首次迁徙因年代较为久远,其间细节无从考证。再次迁徙完全靠人和人之间的关系网带动,从亲戚带亲戚,到老乡带老乡,以先带后,以一带十,缓慢推进。从今天杭州闽语移民姓氏高度集中于郑、林、廖、黄、洪、陈六个,亦可反观当时情景。

(四)客居形式:在郊外无人山地聚族而居,从一个自然聚居村壮大为多村落聚居区。无论是水头的依山傍海居住,还是杭州的沿山脚依次排列,均为聚族聚居。小和山东麓长埭村下辖的长埭路南、长埭路北、天平山、大山脚、孵鸡湾、杨府庙、达公园等自然村落,就是这样形成的一个多村落聚居区。相近的聚居区之间村民往来频繁,亲戚关系错综。

2　杭州闽语的濒危现状

杭州闽语方言岛村落是我们近 20 年来通过丁点儿的线索陆续发现并核实的,迄今为止已发现 24 个村落。主要分布在西湖区和余杭区,临安区、江干区和富阳区也有零星分布。

杭州闽语移民现已繁衍至第六代,六代人 150 多年的语言生活发生了翻天覆地的变化。第一代基本不与外界接触,为只说闽语的单语人;第二代开始与外界发生接触,其接触范围一代比一代扩大,至第四、第五代大多会说闽语、余杭话、杭州话和普通话。与此同时,闽语的内部交际空间一代比一代缩小,至第六代完全不懂闽语。虽然 40 岁以上的移民后裔都会说闽语,但在村子里基本听不到闽语。只有当没有外人在场、没有孩子在场时,老年村民才会用闽语进行交流,连八九十岁的老人也不例外。中青年村民只在跟家里长辈交流时才说闽语,并且会时不时地掺入一些余杭话、杭州话或普通话的成分。这种情景与 20 世纪 80 年代前大相径庭,那时无论是公共交际还是家庭交际,都是清一色的闽语,不会讲闽语就无法在村子里生存。但现在,老年人没机会讲、中青年回避讲、外地人不用学、小孩子没环境学,水头移民不再迁入,多种因素叠加,内外夹击,致使原本就单一的闽语交际空间越缩越小。为能更好地了解杭州闽语的盛衰轨迹,我们以屏风村廖氏一家六代人 150 多年的语言生活为例展开考察。廖氏全家现有 8 人,老夫妻俩、两个女儿、两个女婿、两个外孙,其中 4 人会说闽语,4 人不会,属于村中闽语保存比较好的一个家庭。

第一代廖氏曾祖父,从水头迁至杭州,只说闽语。

第二代廖氏祖父,年幼时随父迁至杭州,对内说闽语,对外说余杭话。以说闽语为主。

第三代廖氏父亲,对内说闽语,对外说余杭话,有重孙后开始说普通话。以说闽语为主。

第四代廖氏本人,对内说闽语,对余杭人说余杭话,对杭州人说杭州话,对孩子、对不知底细的人说普通话。4 种话没有明显的主次之分。

第五代廖氏女儿，对孩子、对配偶、对不知底细的人说普通话，对余杭人说余杭话，对杭州人说杭州话，对家里长辈说闽语。因俩女婿均为外地人，平时以说普通话为主。

第六代廖氏外孙，只说普通话，听懂余杭话和杭州话，不懂闽语。

综上，由闽语单语人成为多语人的过程缓慢而自然，由多语人变成普通话单语人的过程迅速而突然，这种代际传承的急剧断裂除大环境外，还与以下闽语交际空间的变化密切相关：

（一）闽语公共交际空间的丢失。我国农村开始实行家庭联产承包责任制后，劳作方式发生了根本性的改变，村民不再如往昔那样天天聚在一起，边劳动边交流，而是各家各户独自生产，致使闽语在村子里失去了最主要的公共交际空间。

（二）闽语家庭交际空间的缩小。过去，外来媳妇和上门女婿进门后的头等大事都是学说闽语。改革开放后，随着其家庭地位的改变，家庭交际语言也发生了根本性的改变。他们不再需要苦学闽语，反而是全家自觉迁就，改说余杭话、杭州话或普通话，从而使闽语在很多家庭中的交际空间被大大缩小。

（三）闽语心理交际空间的倾斜。闽语与周边吴语差异很大，互相不能通话，相对于周边方言，其弱势地位明显。在与周边方言的接触中，村民在语言心理上出现了倾斜，觉得闽语土，认为说闽语会被人瞧不起，便主动学习余杭话、杭州话和普通话，由此练就了"见什么人说什么话"的语码转换能力。弱势方言的语言自卑感，导致语言心理上的微妙变化，更缩小了闽语的交际空间。

（四）闽语习得空间的缺失。在与外部接触范围的日益扩大的同时，村民普遍认为闽语太难懂，担心跟孩子说闽语会干扰其普通话的表达能力，影响其学习成绩。虽主观上均认为母语方言需要保护和传承，但客观上都不希望孩子学习和使用。只要有孩子在场，大家都自觉改说普通话，导致孩子闽语习得空间的彻底缺失。

3　杭州闽语保护的相关思考

　　杭州闽语由于其自身的演变和受周边吴语的影响,既保留了一些比源方言安溪话更为古老的成分,又先后受到浙南吴语平阳话、浙北吴语余杭话、杭州话等方言的渗透,出现了一些既有别于安溪闽南话,又有别于浙南闽语的新特点。与浙江境内慈溪燕话、温岭箬山话等其他闽语方言岛也不一样,是一种不多见的再移民方言岛。现 24 个社区和村落使用人数仅万余,随着老人的大量过世,讲闽语的人数正在以加速度的方式骤降;而市镇建设的拆迁,更加剧了其消亡的速度。

　　杭州闽语的前世今生,不禁让我们担忧其未来。而类似的濒临消失边缘的汉语方言不计其数。即便像杭州话、上海话、苏州话等尚未列入濒危的城市方言,其实也已开始濒危,其方言土语的特征正在快速萎缩和消亡。据权威专家估计到 21 世纪末,在全世界的大部分地区,约 90% 的语言可能被强势语言取代。即便是今天的杭州话,如果得不到妥善的保护,根本延续不到 21 世纪末,更不用说杭州闽语了。语言一旦消亡,以它为依托的地域文化、民俗民风都将随之消失,永远无法恢复。

　　汉语方言迅速衰亡的严峻态势,需要我们充分认识到这种整体濒危的现实,切实做好保存保护的实践。我们认为建立相关的活态方言文化保护区(村),是目前最为切实有效的途径。

　　活态方言文化保护区(村)实际上是一种开放式的语言文化生态博物馆,即用活态的手段,提供一个优良的语言文化自然传承环境,使相关方言文化完整地、原貌地得到保护和自然传承,例如建立杭州方言文化保护区,杭州闽语文化古村落等。以区(村)内居民正常的学习、工作和生活为背景,除学校、超市、菜场、卫生所、交通等日常设施外,集熏陶、欣赏、体验、旅游生活等功能于一体,全方位、多维度呈现语言文化传承与生活艺术积淀。使活态方言文化得到活态保护和活态传承,为汉语方言的保护和传承作出有益的探索。

参考文献

傅国通、郑张尚芳总编,2015,《浙江省语言志》,杭州:浙江人民出版社。

杭州市余杭区地方志编纂委员会办公室编,2003,《杭州市余杭区镇乡街道简志》,北京:方志出版社。

温端政,2003,《方言与俗语研究——温端政语言学论文选集》,上海:上海辞书出版社。

郑张尚芳,2008,《温州方言志》,北京:中华书局。

汉语话语视角标记研究的回顾与前瞻

暨南大学文学院中文系　周　娟

提　要　近年来,汉语话语视角标记研究逐渐受到重视。本文在文献梳理的基础上,从标记范围、语义类型、话语分布、话语功能和历时演变等方面归纳了前人研究的成就和不足,并对未来研究提出了展望。

关键词　视角标记;回顾;前瞻

视角(perspective)是说话人对事件观察的角度,也是对其加以叙说或评述的角度(Finegan,1995;沈家煊,2001;唐青叶,2009;吴琼,2006;胡清国,2011)。在话语表达中,视角表达是一种普遍现象,正因如此,Sanders 和 Redeker(1996:290)曾明确指出,"严格说来,话语中没有句子能够脱离一定程度的视角化(perspectivization)。"当然,Sanders 和 Redeker 所说的视角化,是一种广义的视角概念(包括显性视角和隐性视角),本文只对汉语话语中的显性视角进行讨论。

1　汉语话语视角标记研究回顾

话语表达的视角化,主要通过视角标记来实现。综观前人对视角标记的研究,可以看到,其内容主要涉及标记范围、语义类型、话语分布、话语功能和历时演变这几个方面。

1.1　标记范围

在汉语语法学界,最早被人们纳入视角标记范畴的,是"从＋X＋看/来看/

看来/来说/说来"格式。在北京大学中文系 1955、1957 级语言班所编写的《现代汉语虚词例释》(1996:127)中,作者提出:"介词'从'经常可以跟'看、来看、看来、来说、说来'等搭配,表示论述的角度、着眼点。"这就把该结构归入了视角标记的范畴之内。后来,陆续被人们指出具有视角表达功能的主要有以下词语或结构:(1)"就＋X＋来说/说来/来看/看来/看/而言/而论"(北京大学中文系 1955、1957 级语言班,1996:293;侯学超,1998:349;吕叔湘,1999:318;张斌,2001:304－305;许国萍,2004;司红霞,2018)。(2)"说来/说起来"(刘月华,1998:61,372;吕叔湘,1999:346;梁银峰,2009;邓燚霖,2020)。(3)"看来/想来"(吕叔湘,1999:346;梁银峰,2009)。(4)"我说"(耿小敏,2006;张晓丽,2021)。(5)"我看/我想"(耿小敏,2006)。(6)"在＋X＋看来"(胡清国,2011)。(7)"依＋X＋看"(胡清国,2011)。(8)"X＋说来"(周娟,2013)。(9)"在＋X＋说来"(周娟、王宇燕,2015)。(10)"说/讲＋得＋X＋一点/一些"(曹秀玲、杜可风,2018;周明强 2020)。(11)"X＋(地)＋说起来/起来说/起来讲/说来/来说/来讲/而论"(曹秀玲、杜可风,2018;司红霞,2018)。(12)"X＋地/点＋说/讲"(曹秀玲、杜可风,2018;司红霞,2018)。(13)我认为/我觉得(唐筠雯,2018)。这就让人们看到了汉语话语视角标记的多样性。当然,这些还并非汉语话语视角标记的全部,到目前为止,汉语中到底有哪些话语视角标记,它们构成了怎样的范畴体系,这是值得进一步探讨的领域。

1.2　语义类型

在目前语法学界,人们对视角标记语义类型的认识还很不一致。例如,付琨(2008)和李治平(2014)以"X＋说来/来说"为研究对象,把视角分为方式类、范围类和依据类;胡清国(2011)以"在＋X＋看来"和"依＋X＋看"为研究对象,把视角分为"适合于所有人称的全方位视角"和"适合于第一和第二人称的局部视角"两类;杨才英、赵春利(2013)以"X＋地/点＋说/讲""说/讲＋得＋X＋一点/一些""X＋(地)＋说起来/起来说/起来讲/说来/来说/来讲/而论"为研究对象,把视角分为确切类、简括类、诚信类和客观类;周娟(2013)以"X＋说来"为研究对象,把视角分为主体类、客体类、时间类和方式类;周娟、王宇燕(2015)以"在＋X＋说来"为研究对象,把视角分为主体类、对象类、依据类、范

围类和时间类；曹秀玲、杜可风（2018）以"X＋地＋说"和"说＋X＋了"为研究
对象，把视角分为一般类和方式类；邓燚霖（2020）以"说来"和"说起来"为研究
对象，把视角分为表象类和深层类。总之，目前的研究，让我们看到了汉语视
角类型的多样性，然而，由于大家的分类对象、分类标准以及分类层次不一样，
致使目前的视角类型还比较混乱，缺乏层次性和系统性。

1.3 话语分布

对于视角标记话语分布的研究，主要集中于句位分布、句类分布、对同现
成分的选择和语篇分布这几个方面。第一，从句位分布看，方梅（2005）、李水
（2016）、冒颖（2019）、柴眗、刘玉屏（2019）等考察了"我觉得"的分布状况，指出
其在不同句位时存在主观性强弱和频率等级的差异。邓燚霖（2020）考察了
"说起来"和"说来"的分布状况，指出"说起来"常用于"说起来＋VP_1，（但是/可
是）＋其实/实际上/事实上＋VP_2"和"（虽然＋）VP_1，（但是/可是）其实＋说起
来＋VP_2"结构；"说来"常用于"NP＋说来＋VP_1，不过/但是/可是/其实＋
VP_2"和"NP＋说来＋VP"结构。第二，从句类分布看，唐筠雯（2018）考察了
"我认为"和"我觉得"的分布状况，指出其不能出现于疑问句、祈使句和感叹
句，只能出现于陈述句，且在陈述句中主要跟断言句、估测句、评价句和建言句
相组配；胡清国（2011）考察了"在＋X＋看来"和"依＋X＋看"的分布状况，指
出"在＋X＋看来"主要出现于评价句，"依＋X＋看"主要出现于建言句；耿小
敏（2006）考察了"我说/我看/我想"的分布状况，指出它们从语气类型来看，均
可出现于陈述句和祈使句；从功能类型来看，均可出现于建议句和断言句；陈
振宇、朴珉秀（2006）考察了"我看"的分布状况，指出它在语气类型上只能出现
于陈述句；在功能类型上可出现于认识句和提议句，且在这两种情况下，句子
都不能表示对说者而言一定确证的事件。第三，从对同现成分的选择看，徐晶
凝（2012）、李水（2016）、唐筠雯（2018）、柴眗、刘玉屏（2019）、利红阳（2020）考
察了"我觉得"与情态副词"确实/根本/无非/就/都/真的"等、情态动词"肯定/
一定/必须/可以"等、语气词"嘛/啊/呀/呢/吧"等、时间名词或副词"现在/当
时/一向/始终"等、连词"因为/所以/而且/但是"等的同现情况；耿小敏（2006）
考察了"我说/我看/我想"与语气副词"好歹/早晚/反正"等、助动词"得/应当/

能"等、语气词"吧/的/呢"等的共现情况以及共现顺序。第四,从语篇分布看,利红阳(2020)、李水(2016)、徐晶凝(2012)考察了"我觉得"的分布情况,其中,利红阳(2020)从话轮角度指出其可位于话轮开端、中间和结尾之处,李水(2016)从话语序列角度指出其可出现于"询问－回答序列"和"发起－接应序列",徐晶凝(2012)从辖域句的角度指出其可出现于"标记不同观点""引出负面评价""安慰对方或自我辩护""引出不确定的判断""同意对方"这样的语篇环境。唐筠雯(2018)考察了"我觉得"和"我认为"的分布状况,指出它们都可出现于"对比语境""回应语境"和"转换语境"。等等。总之,前人的这些研究,让我们看到了视角标记的分布概貌。然而,由于他们大都没能把话语分布与话语功能紧密关联,致使话语分布的定位太过宽泛。

1.4　话语功能

在话语功能上,前人对视角标记的研究主要涉及语义功能、人际功能和语篇功能这三个基本层面。第一,从语义功能来看,大家认为,视角标记大都具有表达主观认识或评议的作用,如"就＋X＋而言/来说"(许国萍,2004)、"我觉得"(方梅,2005;徐晶凝,2012;彭飞,2012;唐筠雯,2018)、"我认为"(彭飞,2012;唐筠雯,2018)、"我说/我想/我看"(耿小敏,2006;彭飞,2012)、"A＋地/点＋说/讲"(司红霞,2006;余奕,2010;杨才英、赵春利,2013)、"说/讲＋得＋A＋一点/一些"(司红霞,2006;余奕,2010;杨才英、赵春利,2013)、"A＋(地)＋说起来/起来说/起来讲/说来/来说/来讲/而论"(司红霞,2006;余奕,2010;杨才英、赵春利,2013)、"在＋X＋说来"(周娟、王宇燕,2015)等都被认为具有此种功用。第二,从人际功能来看,孟琮(1982)和刘嵚(2008)考察了"我说"的使用情况,认为其在话语中有"唤起对方注意"的作用;耿小敏(2006)考察了"我说/我想/我看"的使用情况,认为其在话语中有体现以"我"为中心的主观色彩、加强委婉语气以及引起对方注意的作用;彭飞(2012)考察了"我说/我看/我认为/我觉得/我想/我说"的使用情况,认为其在话语中有话语提示、言听互动以及含蓄委婉的作用;徐晶凝(2012)考察了"我觉得"的使用情况,认为其可用于异议、批评、拒绝、建议等场合而起到"减缓面子威胁""缓和语气"的作用;周娟(2013)和杨才英、赵春利(2013)分别考察了"X说来""A＋地/点＋说/讲"

"说/讲＋得＋A＋一点/一些""A＋（地）＋说起来/起来说/起来讲/说来/来说/来讲/而论"的使用情况,认为其在话语中有增强话语信度和效度的作用。第三,从语篇功能来看,耿小敏(2006)考察了"我说/我想/我看"的语篇状况,认为其在话语中有调节会话进程、维持会话连贯、限定会话内容以及引入新话题的作用;彭飞(2012)考察了"我说/我看/我认为/我觉得/我想/我说"的语篇状况,认为其有开启话题、转换话题、转换话轮、衔接话语的作用;李水(2016)、利红阳(2020)等考察了"我觉得"的语篇状况,认为其有组织话轮或话题以及显示语篇关系的作用。

对于视角标记的话语功能,前人的研究虽然比较细致,但也有其不足之处:首先,从研究方法来看,其功能提取大多不具有科学性,因为他们并没有通过标记的有、无而对该标记进行功能提炼,而是把标记的功能与其所处位置或上下文的功能等同看待。其次,从研究深度看,绝大多数的研究,都只是就功能而谈论功能,而没有指出其出现条件;再次,从研究广度来看,它们并没有对各标记进行差异比较,致使很多标记的功能都显得大同而小异。

1.5 历时演变

在历时演变的研究方面,曾立英(2005)考察了"我看"的主观性和主观化;方一新、雷冬平(2006)考察了"看来"的词汇化和主观化;李宗江(2008)和梁银峰(2009)考察了"想来""看来""说来"的虚化和主观化;刘嫩(2008)和李宗江(2010)考察了"我说"的语义演变及其主观化;耿小敏(2006)考察了"我说/我想/我看"的语法化和主观化;彭飞(2012)考察了"我看/我说/我想/我认为/我觉得"的语法化途径,并比较了其标记化程度;利红阳(2020)考察了"我觉得"的语法化过程及演变动因和机制;李惠静(2013)考察了"说来"的虚化和主观化过程和机制;李治平(2014)考察了"说来"和"来说"的语法化路径和机制,等等。这些研究让我们基本明确了视角标记的演变状况,如果能准确提取现代汉语层面视角标记的分布规律和话语功能,就可以为其标记化提供一个完整、系统的视域。

2　汉语话语视角标记研究前瞻

从上边的综述可以看到,前人对汉语话语视角标记的研究已取得一定成果,至于其不足,也比较突出:(一)对于视角标记范围的认识不够清晰,还没有建立合理的范畴体系;(二)对视角标记的语义类型分类随意,还缺乏层次性和系统性;(三)对话语分布的定位太过宽泛,还缺乏与话语功能的紧密关联;(四)对话语功能的提取缺乏科学性,还未进行有力的形式验证。

因此,展望未来,该课题今后需在以下几方面着力探索和开拓:

第一,应加强对视角标记属性内涵的研究,明确其范围,并建立合理的范畴体系。

第二,应加强对视角标记层次性和系统性的研究,对其进行合理的语义分类。

第三,应加强视角标记话语分布与话语功能的紧密关联,使话语分布的定位更为准确。

第四,应加强视角标记话语功能的形式验证,使话语功能的提取更具科学性。

参考文献

北京大学中文系 1955、1957 级语言班编,1982,《现代汉语虚词例释》,北京:商务印书馆。

曹秀玲、杜可风,2018,《言谈互动视角下的汉语言说类元话语标记》,《世界汉语教学》第 2 期,第 206—216 页。

曾立英,2005,《"我看"与"你看"的主观化》,《汉语学习》第 2 期,第 15—22 页。

柴闯、刘玉屏,2019,《多元文化背景下"我觉得"的话语立场研究》,《汉字文化》第 17 期,第 30—35 页。

陈振宇、朴珉秀,2006,《话语标记"你看"、"我看"与现实情态》,《语言科学》第 2 期,第 3—13 页。

邓燚霖，2020，《话语标记"说起来"和"说来"比较研究》，暨南大学硕士学位论文。

方梅，2005，《认证义谓宾动词的虚化——从谓宾动词到语用标记》，《中国语文》第 6 期，第 495—507 页。

方一新、雷冬平，2006，《近代汉语"看来"的词汇化和主观化》，《周口师范学院学报》第 3 期，第 107—111 页。

付琨，2008，《后置词"来说"的篇章功能与词类归属》，《江西社会科学》第 7 期，第 171—174 页。

耿小敏，2006，《"我说"类元语言的研究》，上海师范大学硕士学位论文。

侯学超编，1998，《现代汉语虚词词典》，北京：北京大学出版社。

胡清国，2011，《"依 X 看"与"在 X 看来"》，《汉语学报》第 3 期，第 37—44、95—96 页。

李惠静，2013，《"说来"的多角度考察》，暨南大学硕士学位论文。

李水，2016，《认识立场标记"我认为""我觉得"比较研究初探——基于现代汉语语料库的研究》，《沈阳工程学院学报》第 1 期，第 91—97、129 页。

李治平，2014，《"说来"和"来说"及"X 说来/来说"功能差异溯源》，《汉语学习》第 6 期，第 36—44 页。

李宗江，2008，《说"想来""看来""说来"的虚化和主观化》，《汉语史学报》第 7 辑，第 146—155 页。

李宗江，2010，《关于话语标记来源研究的两点看法——从"我说"类话语标记的来源说起》，《世界汉语教学》第 2 期，第 192—198 页。

利红阳，2020，《"感觉"类认识立场标记研究》，华中师范大学硕士学位论文。

梁银峰，2009，《现代汉语"X 来"式合成词溯源》，《语言科学》第 4 期，第 412—421 页。

刘嵌，2008，《"我说"的语义演变及其主观化》，《语文研究》第 3 期，第 18—23 页。

刘月华主编，1998，《趋向补语通释》，北京：北京语言文化大学出版社。

吕叔湘主编，1999，《现代汉语八百词（增订本）》，北京：商务印书馆。

冒颖,2019,《〈非正式会谈〉和〈奇葩说〉中话语标记语对比研究——以"这个""然后""我觉得"为例》,南京师范大学硕士学位论文。

孟琮,1982,《口语"说"字小集》,《中国语文》第 5 期,第 337—346 页。

彭飞,2012,《"我 V"式话语标记研究》,华中科技大学硕士学位论文。

沈家煊,2001,《语言的"主观性"和"主观化"》,《外语教学与研究》第 4 期,第 268—275、320 页。

司红霞,2018,《再谈插入语的语义分类》,《汉语学习》第 6 期,第 37—45 页。

唐青叶,2009,《视角与意义的建构》,《外语学刊》第 3 期,第 62—65 页。

唐筠雯,2018,《话语视角标记"我认为"和"我觉得"的对比研究》,暨南大学硕士学位论文。

吴琼,2006,《言语交际中的视角化研究》,《外语与外语教学》第 11 期,第 59—61 页、封底。

徐晶凝,2012,《认识立场标记"我觉得"初探》,《世界汉语教学》第 2 期,第 209—219 页。

许国萍,2004,《"对……而言/来说"与"就……而言/来说"之比较》,《修辞学习》第 4 期,第 24—27 页。

杨才英、赵春利,2013,《言说类话语标记的句法语义研究》,《汉语学报》第 3 期,第 75—84 页。

余奕,2010,《"说"类插入语研究》,湖南师范大学硕士学位论文。

张斌主编,2001,《现代汉语虚词词典》,北京:商务印书馆。

张晓丽,2021,《话语标记"我说"的语用功能及其使用条件》,暨南大学硕士学位论文。

周娟,2013,《论话语视角标记"X 说来"》,《世界汉语教学》第 4 期,第 512—522 页。

周娟、王宇燕,2015,《论话语视角标记"在＋X＋说来"》,《语言与翻译》第 2 期,第 22—28 页。

周明强,2020,《现代汉语话语标记语系统概观》,《浙江外国语学院学报》第 1 期,第 80—88、108 页。

Finegan，E. 1995. "Subjectivity and subjectivisation：an introduction". In Stein，D. & Wright，S.，eds. *Subjectivity and Subjectivisation： Linguistic Perspectives*. Cambridge：Cambridge University Press.

Sanders，José & Redeker，Gisela. 1996. "Perspective and the representation of speech and thought in narrative discourse". In Gilles Fauconnier & Eve Sweetser，eds. *Spaces*，*Worlds and Grammar*. Chicago and London：University of Chicago Press.

新形势背景下国际中文教师的核心素养及其测评新构想

浙江科技大学人文学院　　熊雯

浙江外国语学院中国语文文化学院　　马宏程

提　要　在目前政治、经济等综合因素交织影响的新形势背景下,我们应当构建与欧美教师素养体系接轨、符合时代需求的国际中文教师核心素养框架。该框架既需要区分不同层面:优先层面和基础层面,又要区分不同维度:隐性维度和显性维度。同时,应围绕该框架来构建分层级、分群体的测评方式。

关键词　国际中文教师;核心素养;测评

2003 年 11 月,王维贤先生在第三届对外汉语教学学术研讨会上呼吁重视对外汉语作为学科的理论基础和发展逻辑,此后将汉语国际教育发展为内涵更为丰富的国际中文教育,2022 年该学科在《研究生教育学科专业目录(2022年)》中被正式列入教育学门类。这意味着国际中文教育学科建设正在迎来重大发展机遇,与此同时,以孔子学院为代表的汉语教学走出去的趋势仍在发展,国际汉语教学开启了一个普及化的新时代。(李泉,2020)

目前的新形势主要为政治、经济、文化、科技、自然生态等五方面的综合表现:政治的"百年未有之大变局"、经济的全球化与逆全球化并行、文化意识形态的差异障碍、科技的互联网和人工智能、自然生态上的疫情危机,这些因素相互交织叠加构成了国际中文教育的时代发展背景。国际中文教育在新形势下随之被赋予了新的时代特征,开启了高质量发展的新格局和新业态,(马箭飞,2023)国际中文教师培养的精准化和专业化也就有了更高要求。然而,当前国际中文教师相关问题依然是制约国际中文教育深入发展的主要瓶颈,其中核心素养体系建设是"打造高素质专业化创新型教师队伍"、与欧美国家教师素养体系接轨的重要基础和前提。本文在梳理国际中文教师素养相关研究的基础上拟构建新形势背景下的核心素养框架,并提出相应的测评构想。

1 国际中文教师素养研究概述

2022 年出台的《国际中文教师专业能力标准》(以下简称《教师标准》)明确了国际中文教师是全球范围内所有从事中文作为第二语言教学的教师。文献中的对外汉语教师、国际汉语教师、海外本土中文教师等术语均包含在内,而"素养"(competencies)的内涵比较模糊,在文献中常被泛化为技能、能力、素质等,相关成果主要集中在如下两方面。

首先是教师的能力素质和条件标准,这方面强调的是教师应具有的基本能力素质。吕必松(1989)、刘珣(1996)、赵金铭(2007)、崔希亮(2010)、张洁(2017)都讨论过对外汉语教师应具备的业务素质和胜任条件;陆俭明和马真(2016)、潘玉华和吴应辉(2016)分别从教师理念等方面、教师标准等维度概括了应有素质与基本功;此外,郭睿(2017)、吴勇毅(2020)、李宝贵和庄瑶瑶(2021)等都探讨了教师在不同阶段或场景中相应的能力素质问题。

其次是核心素养的借鉴和类同探索,强调的是具有关键作用的能力素质。自 2005 年"核心素养"被用于解决"21 世纪培养的学生应该具备哪些最核心的知识、能力与情感态度"问题,很多国家都相继开展专项研究并制定了相应的框架体系。尽管在教育研究和实践领域"核心素养"一直是热词,(崔允漷,2021)但面向国际中文教师的研究成果并不多。其中王添淼(2019)、丁安琪和宋艳杰(2023)的探讨很有启发意义,明确了需要重点发展的素养,或者区分了教师专业发展的明线暗线,与我们的分层观类似。

综合而言,作为"三教"之一的教师及其素养等问题一直吸引着众多学者的关注,理论和实践成果都很丰富。这些研究为该领域的深入发展奠定了坚实基础。然而在目前的新形势背景下,国际中文教师核心素养体系的研究仍存在着较大的探讨空间,符合新时代实际需求的核心素养体系亟需构建。

目前有关国际中文教师核心素养的内涵结构仁智各见,且未能完全体现出以培养"全面发展的人"为核心的教育理念,与《中国学生发展核心素养》(2016)(以下简称《学生素养》)相呼应的教师核心素养体系尚未明确。此外,《中华人民共和国国民经济和社会发展第十四个五年规划和 2035 年远景目标纲要》明确提出建设国际中文教育标准体系,尽管《教师标准》是规范引领国际中文教师培养等方面的准则,(赵杨,2023)但所体现的框架只是通用内容,且强调的是专业能力,未能充分反映新时代的新需求,素养指标维度和层次性不足,与海外教师素养体系接轨不全面,未体现在不同国别和教育环境中的阶段性特点,一定程度上影响着对师资(尤其是海外本土教师)培养的引领作用的发挥。

2 新形势下所需要的核心素养的框架构拟

2019 年联合国教科文组织将"素养"定义为:为实现个人的、集体的和全球性的利益而能在 21 世纪的环境中有效地参与和行动,从而对信息、数据、知识、技能、价值观、态度和技术能互动地调动和有伦理地使用的发展性能力,指出了素养的七个互动性构成性要素。(冯翠典,2021)在目前新形势背景下,我们认为上述七要素构成的素养在国际中文教师这个特殊群体上均应体现为"核心素养",即都包含有最核心的知识、能力与情感态度,并且为了适应精准化和专业化的要求,核心素养框架还需要区分不同的层面和维度。

2.1 不同层面:优先层面和基础层面

在落实新时代立德树人根本任务背景下,由价值观和态度要素构成的道德素养应成为核心素养体系的优先层面,并与以培养"全面发展的人"的《学生素养》框架相呼应。在后疫情与"互联网+教育"的时代背景下,亟需改善现有标准中对教育技术重视不足的情况,由信息和数据要素构成的智能素养也应列入优先层面。此外,应列入优先层的还有:在深化新时代教育评价改革的背景下,凸显教师作为激励者与合作者角色的评价素养;在日益增加的环境复杂性和"文明交流互鉴"的时代背景下,可体现"有效地参与和行动"的跨文化、跨学科素养。而由知识、技能等要素构成的语言知识素养、教学技能素养,以及自我反思和发展素养、创新创业素养,则适合列入体系的基础层面。

上述素养在内涵上可与国外的素养框架有效对接。欧盟《促进终身学习的核心素养建议框架 2018》在完善以往框架八大核心素养①的基础上,强调了"多语言素养""数字素养"。美国教师核心素养框架也非常重视"社会交往能力"以及"媒介素养"。(孙兴华等,2019)这些实际上也是反映时代需求的分层设计,层面区分体现了素养体系的序列性和阶段性发展特点。

2.2　不同维度:隐性维度和显性维度

核心素养体系的优先层面和基础层面都需再分隐性和显性维度。欧盟和美国的核心素养框架都从教师应当具备的知识、能力、态度三个角度来界定核心素养。我们参照 Fantini 描述跨文化交际的"A＋ASK"范式来进一步细分核心素养,将意识(awareness)归并到更易测评的态度(attitudes)中,这样每项核心素养都可再分为三项不同的要素:A＋KS,即态度(attitudes)、知识(knowledge)和技能(skills)。② 其中处于核心地位的"态度"在隐性维度,而在显性维度的后两者都能明显体现出素养发展的持续性和动态性特点。

对素养进行维度的区分既可以细化素养结构,便于将素养转化为实践操作的表现标准,又能明确出不同要素的地位,凸显了以往容易被忽略、不易测评检验的"态度",可以解决素养培养过程中只强调共性或个性的冲突问题。

同时,我们需要借鉴国际主流的教师素养标准分类方法,通过合理测评,在一级指标基础上拟定具体可操作、可测评、可检验的二级表现标准,从而构建起一个"两维度(隐性和显性维度)、三清晰(层级清晰、具体能力清晰和表现标准清晰)"的核心素养体系(如图 1 所示)。这种框架体系可以使核心素养更符合时代需求且更容易实践操作,有利于核心素养的精准培养和测评。

---

① 有关具体的八大核心素养的介绍,请参见电子文献 Council of the European Union. "Council Recommendation of 22 May 2018 on Key "Competences for Lifelong Learning" (2022-03-12). http://data. consilium. europa. eu/doc/document/ST-9009-2018-INIT/EN/pdf.

② 除了语言流利度之外,Fantini 的"A＋ASK"分别代表了跨文化交际的四个要素:意识(awareness)加上态度(attitudes)、技能(skills)、知识(knowledge)。具体参见 Fantini, A. E. "A central concern: Developing intercultural competence." *SIT Occasional Papers Series* 1 (2000):25-33.

　　当然，"三清晰"不是固定不变的，是一个不断清晰、逐渐完善的动态过程。欧盟在对核心素养进行分级的基础上，一直努力把核心素养真正从实践操作层面走向"终身化"。2016 年研制出的《数字素养框架》涵盖了五大领域、21 种能力、8 个熟练层级；《创业素养框架》划分了三大素养领域、15 种具体能力、8 个熟练层级。可以预见，欧盟将继续沿着增强核心素养可操作性的道路前行。（常飒飒、王占仁，2019）

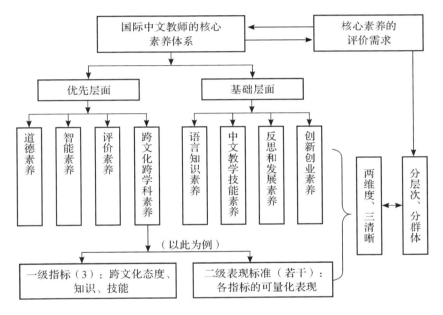

图 1　新形势下国际中文教师的核心素养及测评框架图

　　不过，图 1 中的框架还只是我们的理论构拟，尚需通过对教师素养现状、实际需求的调查分析来验证和完善。我们拟根据《学生素养》和《教师标准》中的素养框架，尤其是前者有、后者无的"健全人格"等内容和两者均未体现的国别等场景，以及不易察觉但又非常重要的"态度"等隐性维度，来制定问卷和《教师素养调查量表》，并主要开展三类调查：调查访谈在区域、国别、语别、年龄等方面有代表性的普通国际中文教师，分析其素养结构现状；调查访谈国内外优秀中文教师，考察其素养结构情况；调查若干培养单位、用人单位和留学生，从培养目标和模式、岗位描述、任职条件、工作状况、接受程度等因素来考察对教师素养的真实需求。相关调查均需确保资料来源的多元性，并均借助因子分析等方法进行严格的效度和信度检验,保证分析结果的准确性和适切性。

在此基础上开展教师素养实践调查和理论基础的分析挖掘。首先,根据上述调查从正反两个方向观测中文教师已有和应有的素养;分析国内外优秀中文教师已有的素养情况和匹配关系,考察优秀教师带给素养框架分层构建的具体启示;分析用人单位、培养单位和学习者对教师素养的需求情况,通过实证研究来具体地反映出三个渠道对教师的真实要求,从而反向推出中文教师所应有的素养。其次,分析主要国家的教师核心素养体系,解析体系中所蕴含的行业标准和教师教育理念,来对照完善新形势下国际中文教师的核心素养框架。

3　国际中文教师核心素养的测试评估

素养框架构建的最终目的是指导素养培养实践,将理论转化为实际的推动力,而对素养进行真正有效的测试评估就是这一过程中必不可少的环节。今年贵州省组织的对全省 40 多万中小学教师和管理人员开展的教师专业能力素养测试备受争议,其中一个关键因素就是能力素养测试的有效性不高,过分强调了专业知识,忽视了素养其他维度的内容。

相比传统教育,评价在素养为本的教育体系里占据更为核心的地位。(Klein-Collins,2013)以往研究主要集中在素养测评框架的制定、具体素养的测评以及对测评结果进行分析和诠释等方面,李亚男等(2021)曾对《国际汉语教师标准》等开展测评研究,但尚未发现对国际中文教师的整个素养体系进行测评实践的成果。

《国际中文教育中文水平等级标准》的实施促使评价学习者的中文语言水平更加科学规范,然而,令人遗憾的是,目前对国际中文教师素养测评的主要方式仍只有《国际中文教师证书》或者《对外汉语教师专业能力测评规范》之类的测评考试。尽管该类考试在选拔和评价汉语教师、志愿者方面发挥了重要作用,但除了考核标准需完善外,还缺少形成性评价,未能显示素养发展的层级性和阶段性。此外,《教师标准》采用"条件＋行为＋内容"的能力描述,虽然与国际主流的教学学习标准一致,但尚缺乏相应的具体可操作、可测评、可检验的表现标准。

欧盟在《促进终身学习的核心素养建议框架2018》中把"素养测试与评估"列为核心素养框架发展的重要支持因素之一，强调积极开发诊断性、形成性、总结性等适用于素养培养的测评方式，努力将核心素养转化为具体可测的表现标准。我们在构拟素养框架体系时，也需要通过这些测评方式来明确具体的表现标准。针对分层构建的核心素养体系进行测评时，需遵循科学性、系统性原则，在对测评方式的效度、信度和区分度等方面进行充分论证的前提下，围绕素养体系各个层面来构建分层级、分群体（比如分别面向本土中文教师和非本土中文教师）的测评方式，开发和运用不同方式来测评素养的动态发展过程，其中隐性维度应该成为测评重点。

我们拟在考察《国际中文教师证书》认证考试（分笔试和面试）的信度、效度以及反拨效应的同时，重点探讨考试之外的素养测评方式。比如针对不同群体，在确定每项素养表现标准权重的基础上构建相应的具有不同维度和等级的测评模型。并再次通过调查访谈等形式来展开实践实证，考察和验证若干代表性教师核心素养的具体表现，同时对素养体系中不同层面的若干素养开展多次测评，进行动态追踪调查，等等。这些将另文探讨。

基金项目：浙江科技学院国际教育研究专项课题（2023IERCO14）、湖南省社会科学成果评审委员会课题（XSP20YBZ090）、中外语言交流合作中心国际中文教育研究课题"国际中文教师能力素质研究"（20YH18C）。

参考文献

常飒飒、王占仁，2019，《欧盟核心素养发展的新动向及动因——基于对〈欧盟终身学习核心素养建议框架2018〉的解读》，《比较教育研究》第8期，第35—43页。

崔希亮，2010，《汉语国际教育"三教"问题的核心与基础》，《世界汉语教学》第1期，第73—81页。

崔允漷，2021，《素养本位的单元设计，助力各国进入"素养时代"》，《上海教育》第32期，第22—25页。

丁安琪、宋艳杰,2023,《〈国际中文教育中文水平等级标准〉视角下的中文师资培养与能力建设》,《国际汉语教学研究》第 1 期,第 3—10 页。

冯翠典,2021,《联合国教科文组织指向未来的课程、素养及其实现的"三部曲"》,《全球教育展望》第 4 期,第 3—15 页。

郭睿,2017,《对外汉语教师教学效能感、职业倦怠及其关系研究》,《语言教学与研究》第 2 期,第 47—56 页。

李宝贵、庄瑶瑶,2021,《后疫情时代国际中文教师信息素养提升路径探析》,《语言教学与研究》第 4 期,第 34—43 页。

李泉,2020,《新时代对外汉语教学研究:取向与问题》,《语言教学与研究》第 1 期,第 1—10 页。

李亚男、王艾琳、王之岭,2021,《〈国际中文教师证书〉面试信度研究——基于多侧面 Rasch 模型》,《华文教学与研究》第 2 期,第 42—51 页。

刘珣,1996,《关于汉语教师培训的几个问题》,《世界汉语教学》第 2 期,第 100—105 页。

陆俭明、马真,2016,《汉语教师应有的素质与基本功》,北京:外语教学与研究出版社。

吕必松,1989,《关于对外汉语教师业务素质的几个问题》,《世界汉语教学》第 1 期,第 1—17 页。

马箭飞,2023,《推动新时代新征程国际中文教育高质量发展》,《神州学人》第 1 期,第 7—9 页。

潘玉华、吴应辉,2016,《国际比较视野下的汉语教师标准及素质研究》,《语言文字应用》第 2 期,第 142 页。

孙兴华、薛玥、武丽莎,2019,《未来教师专业发展图像:欧盟与美国教师核心素养的启示》,《教育科学研究》第 11 期,第 87—92 页。

王添淼,2019,《国际汉语教师专业发展模式的构建》,《国际汉语教育(中英文)》第 1 期,第 44—48 页。

吴勇毅,2007,《海外汉语教师来华培养及培训模式探讨》,《云南师范大学学报(对外汉语教学与研究版)》第 3 期,第 4—7 页。

张洁,2017,《国际汉语教师的知识与能力结构》,武汉:武汉大学出版社。

赵金铭,2007,《汉语作为外语教学能力标准试说》,《语言教学与研究》第 2 期,第 1—10 页。

赵杨,2023,"《〈国际中文教师专业能力标准〉解读与研究"主持人语》,《国际中文教育(中英文)》第 1 期,第 13—14 页。

Klein-Collins,Rebecca. 2013. "Sharpening our focus on learning:the rise of competency-based approaches to degree completion". *National Institute for Learning Outcomes Assessment*.

王维贤先生对语言逻辑研究的贡献

浙江传媒学院文学院　贾改琴

提　要　王维贤先生较早区分了"逻辑语言学""语言逻辑学"和"逻辑—语言学",为后来的语言学与逻辑学的交叉研究指明了三个不同方向;也非常明确地解释了中国学界的"语用逻辑"与西方学界相应概念的对应关系。他的《论"转折"》便是这种研究路径的体现。王维贤、李贤焜和陈宗明三位先生合著的《语言逻辑引论》引领了我国语言逻辑的研究。王维贤先生积极引进国外语言逻辑研究前沿成果,译著《语言学中的逻辑》和《语言逻辑分析》为我国语言逻辑和汉语语法学者提供了非常宝贵的理论资源。

关键词　王维贤;语言逻辑;语用逻辑;《语言逻辑引论》

王维贤先生先后担任过中国逻辑学会理事、顾问,中国逻辑与语言研究会理事长、学术委员会主任、顾问,中国逻辑与语言函授大学副校长、顾问等职。长期从事自然语言逻辑、现代汉语语法以及语言学理论的研究,为我国的语言逻辑研究做出了杰出的贡献。

王维贤先生在语言逻辑方面的贡献是开创性的,也是多方面的。他对"语言逻辑"这一新的研究方向做出明确界定,并沿着这一方向做出了很多引领性的研究成果。他积极地引进西方的语言逻辑学术前沿,翻译相关领域的最新文献,还凭借个人魅力多次邀请像麦考莱这样的顶级专家来中国讲学,吸引并带动了一代研究学者,从而推动了我国的语言逻辑研究事业的发展。

1　"语言逻辑"的界定

我国著名逻辑学家周礼全先生于 1959 年提出,形式逻辑需要研究各种思维形式及其规律在汉语中的表现,并于 1978 年直接提出要研究自然语言逻辑问题。我国自然语言逻辑研究之旅也从此启幕。

1.1　明确区分"逻辑语言学""语言逻辑学""逻辑—语言学"

自然语言逻辑研究开启序幕之后,一个棘手的问题出现在了当时的语言学家和逻辑学家面前,那就是"自然语言逻辑"到底应该归属于语言学还是逻辑学。王维贤先生对此进行了深入的思考,并于 1989 年在由语文出版社出版的《逻辑与语言新论》中发表了题为"逻辑语言学与语言逻辑学"的讨论文章,对此给出了明确的答案。

"逻辑语言学""语言逻辑学"以及"逻辑—语言学"是对逻辑学和语言学的交叉领域进行研究所形成的三个不同的研究方向。王维贤(1989)指出:"逻辑语言学是运用个别的逻辑理论解释个别的语言现象,对语言的个别现象进行语义、句法分析",根本上属于语言学的范畴;"语言逻辑学的目的是建立自然语言推理的形式逻辑系统",本质上属于逻辑学的范畴;而逻辑—语言学则是"把语言和逻辑作为一个统一的整体进行研究",是揭示语言学和逻辑学内在联系的一门新的学科。同时,王维贤先生把自己的研究定位于逻辑语言学范畴,我国著名的语言逻辑学家陈宗明教授认为自己的研究则属于逻辑—语言学。这一区分为后来语言逻辑的发展指明了道路。

1.2　"语言逻辑"阐释

周礼全先生于 1994 年主编并由四川教育出版社出版了《逻辑百科辞典》。在这部工具书中,"语言逻辑"作为一个重要的词条被列出。

"语言逻辑"是由王维贤先生撰写的。他用了将近 2000 字来阐释"语言逻辑",提出:"语言逻辑(linguistic logic/logic of language)又称自然语言逻辑、日常语言逻辑或自然逻辑"。(王维贤,2007:380)由此可见,这里的"语言逻辑"就是周礼全先生之前所提出的"自然语言逻辑"。王维贤先生认为,语言逻辑是一个新兴的正在建立之中的学科,他总结介绍了几种代表性的观点:波兰逻辑学家 K. 爱裘凯维奇的观点是语言逻辑就是逻辑符号学;英国逻辑学家 P. F. 斯特劳森指出语言逻辑就是日常语言的逻辑;美国语言学家 G. 雷柯夫则认为自然逻辑就是自然语言的逻辑,目的就是表达自然语言的概念、刻画自然语言中的各种有效推理。王维贤先生由此得出,"语言逻辑是以自然语言为研究对象","应用现代逻辑和现代语言学的成果和方法,结合语言交际中的语境,研究语言中各种类型的表达式的意义、逻辑形式,特别是推理形式的规律的科学"。(王维贤,2007:384-385)

　　总体来看,王维贤先生认为语言逻辑的研究必须与自然语言本身的特点相适应,是在自然语言的语言学分析基础上进行的一种逻辑分析,总体属于逻辑学的范畴,正是王维贤先生三方向区分思想的延续。

2　明确区分"illocutionary logic""pragmatic logic" "语用逻辑"

　　在周礼全和王维贤等先辈的带领下,中国的语言逻辑研究逐步进入发展阶段。到 21 世纪初,我国已经涌现了很多相关的研究成果。研究方向也开始多样化。于是就有了"语言逻辑"和"语用逻辑"等不同的术语。

　　"语用逻辑"一词,源于西方的语言逻辑研究文本。但是到底对应其原著中的"illocutionary logic"还是"pragmatic logic"? 在 2005 年的一次访谈中,王维贤先生给出了明确的区分。王维贤先生首先指出,国内对于"语用逻辑"一词的使用比较混乱,不同的研究者在不同的层面上使用这个词,并对国内的使用情况做了区分。他认为共有三种不同的观点。

　　第一种,相当于"the logic of language",是运用逻辑手段刻画自然语言在实际人际交往中作用的逻辑,这是比较宽泛的语言逻辑层面。第二种,是在奥斯汀(J. Austin)著名的言语行为理论背景下的语用逻辑。"言语行为三分说"把人类的言语行为分为"locutionary act""illocutionary act"和"perlocutionary act"三种。"语用逻辑"主要指称其中的"illocutionary logic"。蔡曙山教授做的语用逻辑研究就属于这一种。第三种,指的是符号视野下的语用逻辑,包括自然语言的逻辑语形学、逻辑语义学和逻辑语用学,这时的"语用逻辑"是"语言逻辑"的一个下位概念,相当于"pragmatic logic",这才是平常所说的"语用逻辑"。邹崇理教授做的研究就属于这一方向。(徐以中、徐颂列,2005)

王维贤先生告诫我们,一定要弄清楚自己是在哪一个层面进行语言逻辑研究,术语的不统一会给初学者的学习和研究者的学术交流带来各种障碍和不便。同时预言,作为自然语言推理形式的逻辑语言,应该向话语、篇章的广阔领域延伸。如今的语言逻辑发展也印证了王维贤先生当年的这一预测。

3　出版语言逻辑的引领性著作—《语言逻辑引论》

1978年,全国第一次逻辑学大会在北京召开。许多逻辑学者开启了语言逻辑研究的路程。1989年,由王维贤、李先焜、陈宗明合著的《语言逻辑引论》由湖北教育出版社正式出版。这是语言逻辑学界的一部拓荒性著作,为我国的语言逻辑研究做了示范和榜样,积极推动了我国自然语言逻辑研究的发展,并于1992年获浙江省人民政府优秀成果一等奖。王维贤、李先焜、陈宗明三位先生也因此被誉为我国语言逻辑研究的"三剑客""铁三角""三家村"。1989年正值中国逻辑学会逻辑与语言研究会成立十周年,《语言逻辑引论》也成了最好的十周年纪念礼物。

《语言逻辑引论》是一本内容非常丰富的语言逻辑分析著作。它利用现代逻辑的理论知识来研究自然语言中的逻辑形式特别是正确推理形式;利用内涵逻辑和深层结构的理论来讨论自然语言的语义内涵;利用现代指号学的理论来分析自然语言的语用修辞,阐明自然语言在人们交际中的作用。

在这部著作中,王维贤先生提出并深刻阐释了他的语言逻辑观。语言逻辑(也称自然语言逻辑)是一个新兴的跨学科研究领域。"自然语言推理系统其实就是来解释自然语言中的论证,并借以修改自己的。对自然语言推理的研究,实际上就是在已建立的形式逻辑系统基础上对自然语言论证的反思","语言也可以看成是一个逻辑系统,加以形式化的处理"。王维贤先生同时指出,逻辑不仅要对句子给以明确规定的规则,而且要讨论句子之间的意义关系。"我们要看到句子的逻辑特征和句子之间的逻辑联系完全依赖于句子的句法结构。"（王维贤、李贤焜、陈宗明，1989：561；568）这也正是目前语言逻辑学界一大部分学者已经做了和正在做的研究工作。

4　积极引进西方语言逻辑理论

王维贤先生不仅积极在国内开拓语言逻辑的研究领域并取得引领性成就，还紧随学术发展的前沿，跟随国际学术研究的步伐，积极引进西方的语言逻辑理论并翻译语言逻辑方面的重要著作。

早在 1984 年，王维贤先生就与李先焜先生、蔡希杰先生合作翻译了瑞典语言学家詹斯·奥尔伍德等著的《语言学中的逻辑》(*Logic in Linguistics*)，由河北人民出版社出版，并于 2009 年由北京大学出版社再版。这是一本专为语言学家而编写的逻辑学教材，其特色就是将现代逻辑的理论和方法应用于对自然语言的分析，包括句法、语义和语用各方面的分析。《语言学中的逻辑》涉及经典的命题逻辑和谓词逻辑、模态逻辑、内涵逻辑和范畴语法，还包括自然语言的逻辑分析方法、自然推理系统、语用分析方法等逻辑方法，最后一章还讨论了语言逻辑和语言哲学的重要理论问题。这是一本长销不衰的经典教材，出版以来重印已经达 11 次之多。

时隔 15 年之后，又一有力译著问世，那就是 1998 年由杭州大学出版社出版发行的《语言逻辑分析—语言学家关注的逻辑问题》(Everything that Linguistics Have Always Wanted to Know about Logic, but Were Ashamed to Ask)。原著由美国著名逻辑学家麦考莱(J. D. McCaulay)教授创作，由王维贤、徐颂列、黄华新等合作翻译。译著于 2011 年修订后由浙江大学出版社再次出版。本书的初版包含了预设逻辑、集合名词、非标准量词逻辑、可能世界理论和模糊逻辑等现代逻辑的重要理论内容。麦考莱在第二版中又进行了更新与扩充，增添了句法范畴及相关概念、条件句逻辑的语料、类型理论的语言学运用、古波塔的等值原则的研究，以及用广义量词的方法对限定词的逻辑性质加以探讨等内容。这部译著为我国语言逻辑研究者提供了非常重要的学术资源。原作者麦考莱教授在第一版的序言中说道："我指望这本书能够成为一本有用的逻辑学教材，这种逻辑课的着重点是放在自然语言的分析上，尤其是那些为学语言学的学生开的逻辑课。"（王维贤、徐颂列、黄华新，2011）

在一次访谈中,王维贤先生曾经给语言学家推荐过几本值得阅读的逻辑学著作。他这样说道:"在语言逻辑方面,有两本专门为语言学家分析语言写的逻辑学书是很有用的。一本是詹斯·奥尔伍德等著的《语言学中的逻辑》……另一本是詹姆斯·麦考莱著的《语言的逻辑分析》……另外,我和李贤焜、陈宗明等合写的《语言逻辑引论》和周礼全先生主编的《逻辑—正确思维和有效表达的理论》也可作为参考。"(徐以中、徐颂列,2005)由此可见,王维贤先生为中国的语言逻辑研究做了启幕式工作,为学者们提供了宝贵的学习和研究资源。王维贤先生还多次邀请麦考莱教授来中国讲学,为中国学者提供了绝佳的学习机会,同时也促成了一些学者追随麦考莱先生到美国学习,极大地推动了相关研究的发展。

5 《论"转折"》

王维贤先生在语言逻辑研究中还有一个非常有影响的成果,那就是于1982年在由中国社会科学出版社出版的《逻辑与语言研究》第2辑中发表的论文《论"转折"》。该论文中,王维贤先生从《马氏文通》《中国文法要略》谈到了《暂拟汉语语法系统》,总结了汉语中体现为"转折"关系的三类复句。论文的主要部分,王维贤先生根据吕叔湘先生"轶出预期"的提法,利用命题逻辑和模态逻辑理论创制了"预设理论"。利用预设理论对三种转折复句的前后分句间的逻辑关系进行了深入分析,并对灵活多样的语言表达做了逐一讨论。这一研究成果为汉语转折复句研究做出了开创性的贡献,也为汉语语法问题的分析提供了全新的思路,因而在当时产生了强烈的反响。《论"转折"》还曾获得浙江省人民政府优秀成果二等奖。

随后多名学者撰文与王维贤先生切磋,王维贤先生于1991年再次发文讨论转折问题。他的《论转折句》发表在由商务印书馆出版的《中国语言学报》第四期。这两篇论文被称为汉语"转折"问题讨论的经典之作。

6 结语

　　王维贤先生的一生追求以逻辑的视角和工具研究汉语语法。在《逻辑语言学和语言逻辑学》中，把逻辑学和语言学的交叉学科分为三类。在《逻辑与语言》一文中，他在论述现代逻辑和语法研究的一般关系之后，着重论述了逻辑同句法研究的关系。在《论"说"》提出"说服"别人的时考虑"听者"的"主观的语境"的重要性，扩大了制约逻辑规律特别是论证规律的因素的范围，把逻辑规律放在交际过程中来考虑，表现了一种较新的逻辑观，为我国的语言逻辑发展指明了一条行得通的康庄大道。王维贤先生为我国的语言逻辑研究做出了杰出的引领性贡献。

参考文献

王维贤，2007，《王维贤语言学论文集》，北京：商务印书馆。

王维贤，1989，《逻辑语言学与语言逻辑学》，载中国逻辑与语言研究会编《逻辑与语言新论》，北京：语文出版社，第 1—11 页。

王维贤、李贤焜、陈宗明，1989，《语言逻辑引论》，武汉：湖北教育出版社。

王维贤、徐颂列、黄华新，2011，《第一版序言》，载麦考莱《语言的逻辑分析——语言学家关注的逻辑问题》，王维贤、徐颂列、黄华新等译，杭州：浙江大学出版社。

徐以中、徐颂列，2005，《当前语言逻辑研究的若干问题——王维贤先生访谈录》，《浙江教育学院学报》第 4 期，第 108—112 页。

对预设可取消性的质疑

浙江工业大学人文学院　李新良

提　要　本文从对"预设具有可取消性"这一观点的质疑出发,认为预设实际上具有不可取消性,即预设是无法取消的。我们从理论上和事实上为预设的不可取消性寻找依据,认为"预设具有可取消性"的观点既不符合语用学和逻辑学的理论,也不具有心理实现性。预设反映的是命题间的一种依存关系,我们可以创造语境令某个命题为假,但无法取消命题间这种依存关系。预设具有语义和语用的双重属性,没有必要作出语义预设和语用预设的区分。

关键词　预设;不可取消性;依存关系;主观性;双重属性

1　引言

预设原本是一个哲学概念,是由德国哲学家弗雷格(Frege)首先提出来的。弗雷格在 1892 年所写的《意义和所指》一文指出"在任何命题中总有一个明显的预设——使用的简单或复合专名是有所指的,因此如果断言'Kepler died in misery',存在一个预设即名称'Kepler'有所指"(Frege,1952)。弗雷格草创的预设理论包括如下内容:指别短语和时间从句预设它们在实际上指别的结果,一个句子及其相应的否定物共同具有同一组预设,一个断言或者一个句子或真或假,其预设必真或令人满意。①

弗雷格的观点尽管后来受到了罗素等人的反对,但他为预设研究开了一个先河。随着语言学的继续发展,预设逐渐从哲学领域引入到语言学领域,在

---

① 　此处参考了姜望琪(2003:85-88)、索振羽(2000:127-130)的观点。

很长一段时间内,预设成为语义关系研究的重要内容,如施特劳森等人。随着人们对预设研究的深入,有学者发现把预设作为一种语义现象来解释在面对有些语言现象时显得捉襟见肘。因此,有些学者又把预设作为一种语用现象来研究(Levinson,1983:199-225;Leech,1987:394-395)。由此出现了所谓的"语义预设"和"语用预设"之分。

倾向于把预设视为一种语用现象的学者在谈及预设的语用特征的时候,大都会说到预设的"共知性""恰当性"和"可取消性",如索振羽(2003:134—144)、黄华新、陈宗明(2005:137—141)。所谓预设的"共知性"是指预设是交际双方共同知道的、无争议的背景信息;预设的"恰当性"是指预设要与一定的语境相适应,以便说出恰当的话以顺利完成交际;预设的"可取消性"是指句子的预设在一定的条件下可以被取消。

然而,我们认为,预设不具有可取消性,预设本身就具有语义和语用的双重属性,因而没有必要对预设作出语义预设和语用预设的区分。

2 对预设可取消性的反驳

很多学者都提到了"预设在一定语境下可以取消"这样一个命题,如莱文森(Levinson,1983:183—195)、索振羽(2000:134—136)、沈家煊(1999:68—69)。以沈家煊(1999:68—69)提到的几种情况为例:"首先,当我们的常识跟预设矛盾时,预设义不复存在",例如"离婚之前张三死了"不预设"张三后来离婚了";"其次,一定的上下文也能使预设义消除",比如"你总以为有人要出卖你,但是要出卖你的不是张三,也不是李四,更不是王五,其实谁也不想要出卖你"不再预设"有人要出卖你";"最后,交谈双方的共同知识也能使预设义消除,如果双方都知道张三搞的是文学而不是语言学那么'张三才不后悔搞语言呢'就不再预设'张三搞了语言学'"。

我们认为这几种特设的例子不仅不能证明预设具有可取消性,反而更加说明预设具有不可取消性。

首先,他认为"离婚之前张三死了"并不预设"张三后来离婚了"是因为"谁都知道死者不能有离婚的举动"。一般而言,说出某个事物就预设着该事物的存在,说出某个事件就预设着该事件已经发生。比如,说某人离婚了,就预设着在他身上确实发生过"离婚"这一事件,而张三生前并没有发生过"离婚"的事情,所以,说出"离婚之前张三死了"这样的话显然是无稽之谈。我们认为,"X 之前"的预设是"X 还没有发生而后来必然发生",既然我们知道 X 后来没有发生,说出"X 之前"这样的话就是与语境矛盾的,因而不得体;与事实矛盾的,因而没有真值。

其次,"你总以为有人要出卖你"这句话只是说出了"你"的感觉,并不预设"有人要出卖你",即不一定非得要"有人要出卖你"为真,相反,由于这个句子包含了反叙实动词"以为",恰恰说明了"你"的感觉是错的,而事实是"并没有人要出卖你"。换言之,包含反叙实动词"以为 Y"的预设是"非 Y"而不是"Y"。

再次,如果双方都知道张三搞的是文学而不是语言学,说话人根本就不会说出"张三后悔搞语言学"这种没有根据、有失恰当的话来,换句话来说,要说"张三后悔搞语言学"必须以"张三搞语言学"为前提(预设),否则就是无稽之谈。

从上面的讨论我们可以看出,即便我们可以创造这样那样的语境来"取消"原先的句子的预设,然而我们应该能够看到,我们只是创造语境让原先的句子站不住脚,而不是取消了句子的预设,即预设不具有可取消性。

3　预设不可取消性的理论依据和现实依据

我们坚持预设的不可取消性,不仅有理论上的依据,还有语言事实的依据。预设不可取消性的理论依据包括语用学上的依据和逻辑学上的依据,下面我们展开讨论。

3.1　预设不可取消性的理论依据

3.1.1　预设不可取消性的语用学依据

美国语言哲学家格赖斯(Grice,1975:45-46)曾提出过著名的"合作原则",这个原则包括"量的准则""质的准则""相关准则"和"方式准则"四个准则,其中"质的准则"要求人们所说的话力求真实,尤其是不说自知是虚妄的话、不说缺乏足够证据的话。（详情参见索振羽，2000：56；姜望琪，2003：59—60）说话人要成功地与人交际，不仅自己所说的话必须为真，而且这句话的预设也要为真，即要基于一个至少自己认为是真命题的命题组织自己的语言。如：

　　（1）我重又打开录音，遗憾刚才没录上。（毕淑敏《预约死亡》）
　　（2）收到你的信，感谢你写了那些鼓励的话。（X《巴金书信集》）

　　依据格赖斯"质的准则"，说话人不仅要保证说出例（1）"遗憾刚才没录上"、例（2）"感谢你写了那些鼓励的话"时句子本身的真实性，而且要保证它们的预设"刚才没录上""你写了那些鼓励的话"也具有真实性。否则，就违反了"质的准则"。如果没有保证句子例（1）、例（2）的真实性，如果不是要表达特定的语用含义，就会因为说话人说了谎而影响交际的质量甚至是导致交际无法顺利完成；如果没有保证例（1）、例（2）预设的真实性，在听话人看来，就会觉得对这种无从谈起的话语感到莫名其妙。

3.1.2　预设不可取消性的逻辑学依据

　　依据金岳霖（1979：187—189）、黄华新、张则幸（2005：41—43），传统命题逻辑学里面的必要条件假言命题是指"陈述一事物情况是另一事物情况的必要条件的假言命题"。如"只有破旧，才能立新"，"破旧"就是"立新"的必要条件。我们还可以依据必要条件假言命题的逻辑性质进行推理，这种推理就是"必要条件假言推理"。必要条件的假言推理有两条规则：

　　规则1：否定前件，就要否定后件；肯定前件，不能肯定后件。
　　规则2：肯定后件，就要肯定前件；否定后件，不能否定前件。

　　根据规则必要条件的假言推理有两种正确形式：

　　否定前件式：只有p，才q；非p，所以非q。
　　肯定后件式：只有p，才q；q，所以p。

　　我们认为，命题p和以p为预设的句子q之间就是一种必要条件的假言命题关系：只有命题p为真，以p为预设的句子q才能成立（有真值）；命题p为假，则以p为预设的句子q不能成立（没有真值）。以p为预设的句子q成立，是因为p为真。我们也可以用他们之间的逻辑关系进行推理，为简便起见,我们采用形式化的方法:$((p \leftarrow q) \wedge q) \rightarrow p$。也就是说,当我们说出一个句子 q 的时候,已经强制性地表达出了 p 的意思,换句话就是 p 已经内在地包含(蕴涵)在 q 中。

上面的意思就是说,预设是人们说出某个句子所必需依赖的背景知识,只有依赖这种背景知识并且这种知识必然为真的时候,人们说出的那个句子才能站得住脚,否则只是空穴来风的无稽之谈,即说了"缺乏足够证据的话"。所以,从这个意义上说,预设也不能取消。

3.2　预设不可取消性的现实依据

预设的现实依据是指预设具有一定的心理实现性,人们在说出一句话之前要提取记忆中的某个知识模块,作为将要说出的话的根据(前提或背景),听话人在听这个句子之后,可以依据一定的知识判断出哪些是说话人要传递的新信息,哪些是说话人说出这句话所依赖的背景信息,即预设。如说话人在表达"我后悔没有还他钱"这种意思时,必然以事件"没有还他钱"的发生为前提;听话人在听到这个句子时,依据自己的知识可以判断出"后悔"是说话人要表达的新信息,"没有还他钱"属于说话人说出这句话所依赖的背景信息。

我们在交际中还可以看到下面这样的句子:

(3)你会遭受良心的责罚,如果你还有良心的话。

(4)你根本就不会心痛,因为你根本就没有心。

例(3)前面说到"你会遭受良心的责罚"的时候,意识到对方可能失去了"良心",所以要在后面补出来。这样做的目的就在于,如果对方没有"良心",那么说"你会遭受良心的责罚"这样的句子就会显得无从谈起,所以说话人要补出这种预设,从而使句子有所依据,不违反"质的准则"。例(4)从表面看来是取消了句子的预设,从而使句子不成立,实际上不然。例(4)属于一种"元语否定"(语用否定),它要否定的是说"心痛"这个词不合适,因为对方根本就没有"心",这不仅不能说明取消了原句的预设,反而证明了预设的不可取消性:正是由于说话人意识到了对方根本就没有"心",说出"心痛"这个词不合适,所以说话人才对"你会心痛"作出元语否定。

4 对预设性质的重新审视

基于以上的认识,我们认为:预设反映的是命题之间的一种必然的依存关系;预设具有说话人的主观性,说话人依据语境可以选择恰当的命题,作为一个句子的预设,并且这个命题必须为真;预设具有语义和语用的双重属性。下面,我们就展开论述。

4.1 预设反映的是命题之间的一种必然的依存关系

我们可以创造这样或那样的语境来使某个作为另一个句子预设的命题(句子)为假,但是,我们并不能取消某个句子的预设。说到底,预设反映的是一种依存关系,人们要说出一个句子,必须有所根据,依据一定的前提,即必然要以某个句子为预设。我们之所以觉得使某个句子的预设为假以后,再说原句觉得不合适了,正是因为它们之间的依存关系,而这种依存关系是无法取消的。

(5)a. 张三后悔研究语言学。

b. 张三研究语言学。

毫无疑问的是,(5)a 的预设是(5)b,但是我们可以创造一个语境,使(5)b 为假,比如,张三是数学系或物理系的并且从未接触过语言学。但是,我们无法取消说出(5)a 时对(5)b 的依赖,即要说出"张三后悔研究语言学"这样一个句子,必须要以"张三研究语言学"为前提,否则就是无稽之谈,这句话根本就无从谈起。当说话人明明知道张三是数学系或物理系的并且从未接触过语言学的时候,根本就不会说出"张三后悔研究语言学"这样的句子来,除非他要取得到某种特殊的语用含义。

我们能够做到的无非是创造某种语境,使得一个命题 p 为假,但是,我们做不到的是取消一个句子的预设。换句话说,我们无法取消说出一个句子 q 时对命题 p 的依存关系,也就是 p 已经强制性地、逻辑地包含(蕴涵)在 q 之中。

4.2　预设具有说话人的主观性

这里说的主观性是指说话人的主观能动性,也就是说话人作为一个有正常思维与交际能力的个人,他可以依据语境的需要,自主选择将要说出的话的预设;但必须要保证说出的每句话都有所依据,即保证预设必然为真。

4.2.1　说话人必须保证预设为真

预设是说话人为了一定的语用目的,说出一个句子所必须依赖的语义前提,因此所谓的预设其实就是说话人的预设,说话人在说出某个句子前作出的必要的语义准备,属于句子的背景信息。预设必须具有的属性就是真实性,即预设必然为真。

关于预设的"真",我们需要作出一定的说明。关于这里所谈的"真",我们打算从逻辑学的角度进行处理。黄华新、张则幸(2005:28)指出"命题是反映事物情况的思维形态。符合事物实际情况的命题是真命题;不符合事物实际情况的命题是假命题"。我们可以把预设视为一种具有真值的命题,说话人说出一个句子,必须要以这种命题的真为前提(预设)。

但是,我们的观点立马会受到下面这种现象的挑战:

　　(6)a.林黛玉太多愁善感。

　　　　b.存在林黛玉这个人。

例(6)中的林黛玉在现实世界中根本就不存在,例(6)b无所谓真假,那么说出例(6)a这种句子有没有意义呢? 答案是肯定的。

要解决这个问题,需要援引"可能世界"的理论。英国哲学家莱布尼茨为了解决模态逻辑的有关问题首先提出了"可能世界"的理论,后来随着模态逻辑的发展,克里普克(Saul Kripke)等人又发展出一种模态语义理论即可能世界语义学。所谓的"可能世界"是指"包括我们能想象的任何世界,也就是我们能想象的任何一个世界都是可能世界。我们的现实世界只是可能世界的一个,是我们构想其他可能世界的根据和基础"(陈波,2008:271—272)。

如《红楼梦》所描绘的就是一个可能世界,林黛玉在现实世界中不存在,但却存在于《红楼梦》所描绘的可能世界,并且在那个可能世界里面,她的确是一

个多愁善感的女子。因而,例(6)a 的预设是例(6)b"存在林黛玉"为真,并且例
(6)a 本身为真。

说到这里,我们需要更正一下刚才的观点,预设是说话人的预设,即预设
具有说话人的主观性,说话人可以依据自己的知识等自由选择预设,但无论怎
样选择都必须确保预设必然是一个真命题,无论这个命题是在现实世界中为
真,还是在现实世界以外的某个可能世界中为真。

4.2.2 说话人依据语境选择恰当的预设

上面说到,说话人必须保证将要说出的话要有所依据,有一定的前提,即
保证预设为真,然而仅仅做到这一点,还不能保障交际的顺利进行,还要做到
依据语境选择恰当的预设。一般的语用学著作提到预设时,都说到了预设的
"共知性",如刘大为(2001:71)、索振羽(2000:141)、黄华新、陈宗明(2005:137
—140)。然而,我们认为这种说法容易遇到下面语言事实的挑战,请看:

(7)甲:昨天我妹妹来看我了。

乙:你还有个妹妹啊? 这么大老远来看你,你们的感情一定很好。
真让人羡慕!

例(7)中甲说的话必然以"我有个妹妹"为预设,然而我们从乙的答话中可
见甲有个妹妹不是双方共知的信息,而甲的的确确保证了所说的话的预设为
真,甲说的话依然有意义。如果说甲在交际中犯了什么错误的话,那么甲所犯
的错误就是一般而言的"预设不当"。

可见,要保证交际的顺利进行,不仅要保证预设的真,否则就违背了"质的
准则";最好还是要以双方共知的信息作为预设,否则就犯了"预设不当"的失
误,只有这样才能保证交际的顺利进行。说话人在选择预设的时候,最低的要
求是要确保预设为真,高一点的要求就是要根据语境选择合适的、最好是双方
共知的信息作为预设。

4.3 预设具有语义和语用的双重性

有学者认为(Levinson,1983:199—225),预设是一种语用上的合适性条
件,而不是语义上的真值条件,预设属于语用学而不属于语义学。我们认为,

预设具有语义和语用的双重属性：从语义上说是某个命题（句子）具有真值、得以立足的前提；从语用上说，是某个句子适应语境、得体、恰当的前提，随着对话的进行，预设处在动态的变化之中。预设的语义属性和语用属性是一个问题的两面，是对同一个问题从不同角度进行的审视，而不是说有语义和语用两种预设。我们还是以例（7）为例进行阐述（为了清晰起见，重抄如下）：

（7）甲：昨天我妹妹来看我了。

乙：（a）你还有个妹妹啊？（b）这么大老远来看你，你们的感情一定很好。真让人羡慕！

当甲说出"昨天我妹妹来看我了"这句话的时候，以"我有个妹妹"为预设，即"我有个妹妹"是说出"昨天我妹妹来看我了"这句话必须依赖的前提，否则这句话无从谈起。而乙的答话（a）表明，他不知道甲有个妹妹，但是后面的（b）表明，他接受了甲有妹妹这一事实，并以此为预设，说出了"这么大老远来看你，你们的感情一定很好。真让人羡慕！"这样的话来。乙从不知道甲有个妹妹到以甲有个妹妹为预设进行交际的转变过程，说明了选择预设既是为说出某个句子寻找语义前提，又是个动态的语用过程（从只有甲知道的信息，变为双方共知的信息）。

上文当我们讨论预设具有说话人的主观性的时候就已经说到，说话人可以依据语境选择恰当的预设，就已经表明了预设的选择既是一个语义（生成）过程又是一个语用过程；说预设具有动态的语用性并不排斥预设的语义属性，根据语境选择的预设，依然是句子得以立足的语义前提。

5　总结

我们从预设发展的过程出发，引出了语义预设和语用预设的区分，进而引出了预设的可取消性这一几乎是公认了的观点。接下来我们以沈家煊先生的著作为例，反驳了预设的可取消性这一观点，提出了我们的认识：预设具有不可取消性。我们又从理论上和事实上为预设的不可取消性找到了依据。我们的理论依据包括语用学上的"质的准则"和经典命题逻辑的"必要条件的假言推理",认为"预设具有可取消性"的观点既不符合语用学的理论也不符合逻辑学的理论,并从语言事实出发再次证明预设具有不可取消性。我们认为,预设反映的是命题间的一种依存关系,我们可以创造语境另某个命题为假,但无法取消这种依存关系;预设具有说话人的主观性,除了要保证预设的真以外,说话人还必须依据语境选择合适的预设;预设具有语义和语用的双重属性,没有必要作出语义预设和语用预设的区分。通过对预设的重新审视,我们进一步证明了预设的不可取消性。

参考文献

利奇,1987,《语义学》,李瑞华等译,上海:上海外语教育出版社。

陈波,2008,《逻辑学十五讲》,北京:北京大学出版社。

黄华新、陈宗明,2005,《描述语用学》,长春:吉林人民出版社。

黄华新、张则幸编著,2005,《逻辑学导论》,杭州:浙江大学出版社。

姜望琪,2003,《当代语用学》,北京:北京大学出版社。

金岳霖主编,1979,《形式逻辑》,北京:人民出版社。

廖秋忠,1986,《〈语用学的原则〉介绍》,《国外语言学》第 4 期,第 155—158、182 页。

刘大为,2001,《预设:语义预设与语用预设》,载《大学学术讲演录》丛书编委会《中国大学学术讲演录》,南宁:广西师范大学出版社,第 67—86 页。

彭利贞,2007,《现代汉语情态研究》,北京:中国社会科学出版社。

Levinson,S. C. 沈家煊,1986,《语用学论题之一:预设》,《国外语言学》第 1 期,第 29—36 页。

沈家煊,1999,《不对称和标记论》,南昌:江西教育出版社。

索振羽,2000,《语用学教程》,北京:北京大学出版社。

袁毓林,2000,《论否定句的焦点、预设和辖域歧义》,《中国语文》第 2 期,第 99—108、189 页。

Frege, G. 1952. 'On sense and reference.' In P. T. Geach, M. Black, and G. Frege, eds. *Translations from the Philosophical Writings of Gottleb Frege*. Oxford : Blackwell. pp. 56-78.

Grice，H. P. 1975. 'Logic and Conversation. ' In Cole & Morgan，eds. *Syntax and Semantics*，*Vol*. 3：*Speech Acts*. New York：Academic Press. pp. 41-58.

Leech， G. 1983. *Principle of Pragmatics*. London： Longman Group Ltd.

Levinson，S. 1983. *Pragmatics*. Cambridge：Cambridge University Press.

（本文原发表于《中国语言文学》第六辑，北京大学出版社 2012 年版）

（后记：这篇小文是我 2009 年跟随彭利贞教授撰写硕士论文的时候写成的，本来是毕业论文的一部分，后来独立成文。在黄华新教授开设的逻辑学课上，本文是课程论文，得到了黄华新教授的肯定。2010 年，我到北京师从袁毓林教授攻读博士学位，他让我把之前写的论文拿给他看看，以便寻找博士论文的选题，他看到这篇小文颇为满意，推荐给孙玉文教授主编的《中国语言文学》集刊，后来有幸在该集刊第六辑上刊登。彭利贞、黄华新、袁毓林这几位先生都是王维贤先生的学生，是他们的肯定和指导鼓励我走上了学术研究之路。因此，谨以此文纪念王维贤先生百年诞辰。）

多义情态动词"能"的历时演变

浙江工商大学国际教育学院　　贾成南

提　要　语境、句法、语义等手段可分化"多义情态动词"的语义。上古时期的情态动词"能"在双重否定和反问句中可以表达[许可]①,已演化出道义情态义。这一时期的"能"还发展出了[能力][意愿][可能]。情态动词"能"的这些用法一直沿用至现代汉语。通过隐喻和转喻,"能"经历了"动物→能力/才能→有能力的/能够做某事→[意愿][能力]→[许可][可能]"的语义演变过程。类推是情态动词"能"语法化的主要机制,而"高频使用"是它语法化的主要动因。

关键词　能;情态动词;多义;历时研究;语义演变路径

"情态动词一般从实义动词发展而来,它首先发展出与实义动词句法特征上较为相似的根情态用法,再发展出与副词在句法特征上较为接近的认识情态用法"(彭利贞,2007:100)。朱冠明(2008)、李明(2016)、巫雪如(2018)等都对汉语情态动词"能"的语义演变进行过探讨,虽然使用的术语和观点不同,但他们都认同"能"是从"能力"义发展出动力情态,然后演化出道义情态和认识情态。他们认为"能"到现代汉语才演变出道义情态,对"能"的动力情态[意愿]也持异议。

因此,我们认为以下几个问题仍值得进行进一步探讨:

(一)情态动词"能"有没有动力情态[意愿]?

(二)情态动词"能"的道义情态义是什么时候产生的?

---

①　为了表述清晰简洁,本文以方括号标示情态动词"能"的语义。

（三）"能"的语义发展路径是怎样的？

1 情态动词"能"的溯源与发展

1.1 上古时期①的情态动词"能"

1.1.1 本义的溯源

朱冠明（2008:130）、巫雪如（2018:200）解释"能"的本义时,都引用了《说文解字》的注释,即"熊属。足似鹿。从肉㠯声。能兽坚中,故称贤能;而强壮,称能杰也"。"能"的来源以及对《说文解字》中"能"的理解主要有两种观点。一种是"能"和"熊"的音相似。徐铉认为《说文解字》中的"㠯非声。疑皆象形"（汤可敬,1997:1367—1368）。"能"和"熊"可能并存过很长时间,起初"能"的本义是熊状动物,而"熊"可能是后起的。"能"的假借义"能力、才能"的使用范围扩大,而"熊"则被专用于"熊状"动物。另一种是"能"的本义是"熊"似动物,这种动物"坚中""强壮"的特性引申为人"贤能""能杰"的特征。虽然《说文解字》中对"能"的注音有待商榷,但《说文解字》中"能"可以做部首,且与"能"组字的都与"熊"义有关（谷衍奎,2008:1168）。

所以,我们也认为"熊"是"能"的本义,而"能"的"能力、才能"义先是从动物特有的能力引申为人的某种"能力",如"贤能""能杰",继而又演化出"能力、擅长、许可、可能"等义。

1.1.2 情态动词"能"的产生与发展

"能"的用法在上古时期很丰富,可以做名词、动词、形容词和情态动词（李明,2016:15、19—23）,其中情态动词具有动力情态［意愿］［能力］、道义情态［许可］和认识情态［可能］。例如:

(1)锡尔纯嘏,子孙其湛。其湛曰乐,各奏尔能。（《小雅·宾之初筵》）（李明,2016用例）

---

① 本文的汉语史分为上古汉语（先秦至秦汉）、中古汉语（东汉至隋）、近代汉语（晚唐至清初）和现代汉语（五四运动以后至今）。详见:方一新,2010。

（2）对曰："……臣问其诗而不知也。若问远焉，其焉能知之?"王曰："子能乎?"（《左传·昭公12年》）（李明，2016用例）

（3）如恶之，莫如贵德而尊士，贤者在位，能者在职。（《孟子·公孙上》）（李明，2016用例）

（4）女受我田牧，弗能许聊从。（《聊从鼎》）（李明，2016用例）

（5）无功而祀之，非仁也；不知而不能问，非智也。（《国语·鲁语上》）（刘利，2000用例）

（6）富辰言于王曰："请召大叔。《诗》曰：'协比其邻，昏姻孔云。'吾兄弟之不协，焉能怨诸侯之不睦?"（《左传·僖公二十二年》）（李明，2016用例）

（7）我不能不眔县白（伯）万年保。（《县改簋》）（李明，2016用例）

（8）无礼而好陵人，怙富而卑其上，弗能久矣。（《左传·昭公元年》）（李明，2016用例）

例（1）—例（3）中的"能"分别为名词、动词和形容词，义为"能力、本领""能够做到""有能力的"。例（4）中的"能"表达的是动力情态［能力］。例（5）中的"能"表达的是主观意愿，即动力情态［意愿］。刘利（2000：109－122）指出"能"在表达"肯愿"义时，"作为VP短语中心动词大多属于心智活动的一类"，与"'能'所处的语义环境有关"。例（6）为反问句，"能"表达的是道义情态［许可］。李明（2016：15、23、165）认为助动词"能"直到现代汉语才"有了表许可的独立用法"。巫雪如（2018：312－313）也认为上古时期"并未发展出表许可义的道义情态"。例（7）中"能"的双重否定形式"不能不"，表禁止，表达的是道义情态。例（8）中的"能"表主观上的推测，即认识情态［可能］。

彭利贞（2007）认为"在中性语境下，一个情态动词有时候是有歧义的"，只有"在不同语境中才能确定""不同的情态语义"。换句话说，多义情态动词如果在特定的语境或句法环境下能够表达出特定的情态义，那么该情态就具有了表达该情态义的特征。也就是说，"多义情态"可以通过语境、句法、语义等方式来确定情态义。所以，我们认为上古时期的"能"已有道义情态义，因为"能"在该时期已可以在双重否定和反问句中表达道义情态。

综上所述，"能"在上古时期已有名词、形容词、动词和情态动词的用法。名词"能"已从"似熊"义引申为"能力"义。动词"能"虚化为情态动词，而情态动词又发展出动力情态［能力］［意愿］、道义情态［许可］和认识情态［可能］。

1.2　中古时期的情态动词"能"

段业辉（2002：19）对中古时期可能类情态动词"能、可、可以、耐、克"等的使用情况进行了统计，"能"的使用频率最高。这一时期情态动词"能"的发展主要体现在使用频率的增加和情态义的固化。与上古汉语相比，这一时期的情态动词"能"的句法结构发生了"较大的变化"（刘妍，2011：53），情态义没有太大变化，仍主要有动力情态［能力］［意愿］、道义情态［许可］和认识情态［可能］。

> （9）故能策风云以腾虚，并混舆而永生也。（《抱朴子内篇》卷5）（段业辉，2002 用例）
>
> （10）明公世跨并肆雄才杰出。部落之民控弦一万。若能行废立之事。伊霍复见今日。荣即共穆结异姓兄弟。（《洛阳伽蓝记》卷1）（刘妍，2011 用例）
>
> （11）私怨人情，不能不见，恐左右必有以间於汉中王矣。（《三国志》卷40）（段业辉，2002 用例）
>
> （12）莫截，檀越见者，或能不喜。（《摩诃僧祇律》）（朱冠明，2008 用例）

例（9）中的"能"表示动力情态［能力］。情态动词"能"在例（10）中表动力情态［意愿］。例（11）的情态动词"能"表道义情态［许可］，"能"的双重否定形式"不能不"义为"必须"。例（12）中的"能"表认识情态［可能］，义为主观上推测可能发生。

综上所述，上古时期兼有动力情态［能力］［意愿］、道义情态［许可］和认识情态［可能］三种情态义雏形的情态动词"能"到中古时期已固化。

2 近现代汉语情态动词"能"的关联①

近现代汉语情态动词"能"都可以表达动力情态［能力］、道义情态［许可］和认识情态［可能］。②

2.1 动力情态

近代汉语情态动词"能"可以表达动力情态［能力］。例如：(13)直是有学力,方能辨得分晓。(《朱子语类·总训门人》)

(14)宁府人多口杂,那些不得志的奴仆们,专能造言诽谤主人,因此不知又有什么小人诟谇谣诼之词。(《红楼梦》第九回)

例(13)中的"能"表示在"直是有学力"的条件下,才能够"辨得分晓"。动力情态动词"能"在例(14)中表擅长做事。彭利贞(2007:146)将吕叔湘划分的现代汉语"能"的"有能力或有条件做某事、擅于做某事、有某种用途"义看作动力情态［能力］。近代汉语动力情态动词"能"的这些情态义与现代汉语中表［能力］的动力情态动词"能"具有相同的用法。

2.2 道义情态

近代汉语情态动词"能"的道义情态［许可］③主要用在否定句和反问句中。例如：

(15)众人谈了几句,不能久坐,一一的告辞。(《儿女英雄传》第三回)

---

① 本节近代汉语的语料选自刘坚、蒋绍愚主编《近代汉语语法数据汇编·唐五代卷》,北京:商务印书馆,1990年。刘坚、蒋绍愚主编《近代汉语语法数据汇编·宋代卷》,北京:商务印书馆,1992年。刘坚、蒋绍愚主编《近代汉语语法数据汇编·元代明代卷》,北京:商务印书馆,1995年。曹雪芹、高鹗《红楼梦》,北京:人民文学出版社,1990年。文康《儿女英雄传》,上海:上海古籍出版社,1991年。

② 刘妍(2011:79)指出从情态义的使用频率来看,相对于上古时期和中古时期的11.9%和9.3%而言,近代汉语"能"的［意愿］(13.4%)的使用比重有所增加。现代汉语"能"的［意愿］基本已很少见,不过,彭利贞(2007:19)指出"不能不"可以表达言者的"愿意",例如:"对此我国政府不能不表示愤慨,特提出严重抗议。"

③ 刘妍(2011:78—79)指出"能"的"允许"义产生于近代汉语,《红楼梦》以前她只发现1例,《红楼梦》里有40例。从本文的近代汉语语料来看,《红楼梦》之前"能"就已有不少"允许"义的使用。

（16）三镇岂<u>能</u>交割？势必用兵。（《三朝北盟会编》）

例（15）中"能"的否定形式"不能"义为情理上不允许。例（16）为反问句，"能交割"义为"不能交割"。

彭利贞（2007:150－151）认为现代汉语中道义情态动词"能"与吕叔湘所指"能"义项中的情理许可和环境许可一致。例如：

（17）没事就不<u>能</u>聊聊么？（王朔《无人喝彩》）（彭利贞，2007 用例）

由此可以看出，现代汉语"能"的道义情态用法与近代汉语道义情态动词"能"的用法一致。

2.3　认识情态

情态动词"能"在近代汉语中可表达认识情态[可能]。例如：

（18）几个<u>能</u>受世荣，求得人间资财，中路便遭身夭。（《变文·庐山远公话》）

（19）老爷任上没银子，家里又没银子，求亲靠友去呢，就让人家肯罢，谁家也不<u>能</u>存许多现的。（《儿女英雄传》第三回）

例（18）为反问，义为说话者主观上推测没有几个可能"受世荣"。例（19）使用了"能"的否定形式"不能"，"谁家也不能存许多现的"义为可能没有谁家会存许多现的。

彭利贞（2007:152）认为现代汉语中的认识情态动词"能"主要用于疑问句和否定句。例如：

（20）这件事他<u>能</u>不知道吗？（吕叔湘，1999 用例）

例（20）中的"能"是对所述"命题为真或事件成真可能性的推测"。

可见，近代汉语中表[可能]的认识情态动词"能"与现代汉语"能"的认识情态用法相似。

综上所述，近代汉语情态动词"能"的动力情态[能力]、道义情态[许可]和认识情态[可能]的情态用法与现代汉语情态动词"能"相同。换句话说，情态动词"能"的这些情态义从上古汉语一直沿用至现代汉语，基本没有太大的变化。

3 情态动词"能"的语义演变路径、动因和机制

通过前面两节对"能"的语义特征以及历史语义演变的描写和分析,我们认为它的语义演变路径可以绘制成图1。

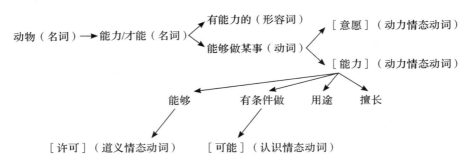

图 1 "能"的语义演变路径

通过对"能"在整个汉语史中产生和发展的描写与分析,我们发现"能"通过隐喻从"熊似"动物发展出了人的"能力"义,"能力"义通过转喻演化出"有能力的"和"能够做某事",而"能够做某事"通过转喻发展出了动力情态[意愿]义和[能力]义,[能力]义又演化出认识情态义和道义情态义。"能"从名词到动词、形容词,再到情态动词,类推是它语法化的主要机制。情态动词"能"内部从"根情态→认识情态"经历了不断虚化、主观化逐渐增强的过程。"能"在上古时期就已开始了语法化的历程,"高频使用"是触发它语法化的主要动因。

4 结语

"语境"具有分化歧义的作用。"多义情态动词"的语义往往可以通过语境、句法、语义等手段进行分化。情态动词如果在特定的语境或句法环境下能够表达某种情态义,那么它就具有了该情态义的特征。上古时期的情态动词"能"在双重否定和反问句中可以表达道义情态[许可],我们认为"能"在该时期已经发展出了道义情态。这一时期的"能"还演化出了动力情态[能力][意愿]和认识情态[可能]。情态动词"能"的这些用法从上古汉语一直沿用至现

代汉语,基本没有太大的变化。"能"经历了"名词→动词、形容词→情态动词"的演变过程,情态动词内部经历了"根情态→认识情态"的语法化历程。类推是"能"语法化的主要机制,而"高频使用"则是它语法化的主要动因。通过隐喻和转喻,"能"经历了从"动物→能力/才能→有能力的/能够做某事→[意愿][能力]→[许可][可能]"的语义演变过程。

参考文献

汤可敬,1997,《说文解字今释》,长沙:岳麓书社。

段业辉,2002,《中古汉语助动词研究》,南京:南京师范大学出版社。

方一新,2010,《中古近代汉语词汇学(上下编)》,北京:商务印书馆。

谷衍奎编,2008,《汉字源流字典》,北京:语文出版社。

李明,2016,《汉语助动词的历史演变研究》,北京:商务印书馆。

刘利,2000,《先秦汉语助动词研究》,北京:北京师范大学出版社。

刘妍,2011,《汉语助动词"能"的历史演变研究》,北京师范大学博士学位论文。

吕叔湘主编,1999,《现代汉语八百词》(增订本),北京:商务印书馆。

彭利贞,2007,《现代汉语情态研究》,北京:中国社会科学出版社。

巫雪如,2018,《先秦情态动词研究》,上海:中西书局。

朱冠明,2008,《〈摩诃僧祇律〉情态动词研究》,北京:中国戏剧出版社。

(本文原发表于《齐齐哈尔大学学报(哲学社会科学版)》2020 年第 12 期,此次做了删减。)

"没＋M＋VP"的现实性否定与反事实表达

提　要　本文以"没＋M①＋VP"结构为研究对象,讨论不同情态动词的现实性否定差异。研究表明,"没想""没要"否定意愿,但有时不能否定事件现实性,这是出于反事实表达的语用动机而使用的特定表达,文章还讨论了"没＋M＋VP"结构的使用条件与表达效用。

关键词　"没";情态;否定;反事实

1　引言

对情态的否定有时也能达到对事件的否定。彭利贞(2005)指出:与"不"对情态的否定不同,"没"在否定动力情态的同时,也达到了对事件的实现的否定效果,也就是否定了该命题的真值。如:

(1)a.他这次没能猜对。

　　→b.他这次没猜对。

(2)a.她一直没敢上厕所。

　　→b.她一直没上厕所

例(1)、例(2)中,从 a 都能推出(entail)相应的 b,也就是 a→b。但有两点要注意,第一:"没＋M＋VP"与"没 VP"只在句法表层上部分地存在变换关

---

① 　"M"指 modals,下同。

系,实际上存在语义语用上的细微差别。第二,如果 M 为动力情态或具备强意愿义,则"没＋M＋VP"结构能够达到对事件的现实性进行否定,但其中的 M 是弱意愿,或者动力不足的[意愿],则不一定能够达到对事件的现实性进行否定,例如:

(3)我没想真砍他,我就是想吓唬吓唬他,让他说实话。

(4)祁老人真没想发脾气,可是实在控制不住了自己。(彭利贞,2005用例)

例(3)、例(4)中的"没＋M＋VP","没"在否定动力情态的同时,不一定达到了对事件的实现的否定效果,如例(4)祁老人事实上已经发脾气了。

彭利贞(2005:192)的解释是:"要"与"想"都只是无外力作用下的自发的[意愿],可以看作是一种动力不足的[意愿],不能自然地成为致能条件。就像例(4)虽然主语"没想发脾气",而"发脾气"的事件却实现了。这是"没＋要＋VP"不一定蕴涵"没＋VP"的原因。

张立飞(2015)将此观点一分为二为:(一)"没＋M＋VP"结构的基本语义是对事件的现实性进行否定;(二)它对现实性的否定是通过对致能条件的否定来实现的,即"否定致能条件"语义上蕴涵了"否定现实性"。对于(一),张文表示赞同。对于(二),他的看法不同,理由如下:"不＋M＋VP"这一结构同样可以表达对致能条件的否定,但它为什么不能语义上蕴涵"否定现实性",从而同"没＋M＋VP"一样成为对现实性进行否定的约定俗成的表达?

本文认为,说"没"是现实否定,但"没＋M＋VP"里的"没"不一定。至于第二点,张文以"不"对情态的否定或能达到事件的否定,来类比"没",这个做法不合逻辑,因为这正是"没"与"不"的差异。

学界除以上讨论,关于"没＋M＋VP"是否否定现实性的其他差异讨论不多,我们拟在上述讨论的基础上,进一步研究以下问题:

(一)"没要\没想"否定事件现实性的表现是怎样的?

(二)为什么"没要\没想"不能否定事件现实性?

(三)"没要\没想"的表达效果是什么?

需要说明的是,语言中可通过否定"动力情态",达到对"现实"事件的否定,但并不是"等于"的意思。

文中引用的例句均注明出处,未说明出处的均为自拟例句。

2 "没＋M＋VP"的现实性否定及其表达效果

彭利贞(2005)指出,"没"是现实否定,在以往的文献里都能找到。所以它对情态否定时,就会有问题。因为情态本身是"非现实的",按道理,"没"的现实性,会让它不能否定情态。但语言形式中,的确有"没能""没要""没肯""没敢"(如果"想"也算情态词的话,还有"没想")。本节主要看看"没敢""没能""没肯"的否定事件现实性情况。

2.1 "没＋M＋VP"的阐释效果

"没＋M＋VP"在一定程度上述说着事件未成事实的原因。彭利贞(2005:190)指出,与动力相对的是障碍,这种障碍也能从"没＋M＋VP"格式句所在的上下文中找到其载体。它或以起始句的形式出现,或以后续句的形式出现,预先或补充说明施事最后导致动力缺失的原因。张立飞(2015)认为,"没＋M＋VP"的语义结构应从以下两个方面进行描述:一是否定 VP 所述情境的现实性,可称之为"否定义";二是对其原因进行阐述,即情境没能实现是由于情态成分所表达的"致能条件"的缺失,可称之为"阐释义"。例如:

(5)没敢给您沏太浓的茶,怕您睡不着。(毕淑敏《预约财富》)

(6)他没肯指出姓名来,怕桌子传给那个人,而他的屁股遭殃。(老舍《牛天赐传》)

例(5)、例(6)中"怕"引导的小句都表示原因,"原因"广义上就是一种"阐释",因此句中常有表示因果关联的"所以"出现,例如:

(7)所以我也没敢问你。(邓友梅《兰英》)

(8)可是,大家又都知道她是一片忠心,所以谁也没肯出声。(老舍《四世同堂》)

例(7)、例(8)都说明事件未成事实的原因在于动力条件的缺失,比如没有勇气,没有意愿等等。

上述分析表明,当言者采取"没＋M＋VP"这一格式,而不是"不＋M＋VP",表明言者站在现在时间对过去事件进行评述,具备一定的自我解释效果。

2.2 "没＋M＋VP"的惋惜效果

当提及事件未能如愿发生,此时一般会隐含言者的后悔、可惜的情感态度。彭利贞(2005:191)认为,"没＋M＋VP"表达的是主体对过去事件实现的动力缺失。说话人(在动力情态中也就是行为的施事)对此会作出"后悔""可惜"等形式的情感反应。下边两句由"没＋M＋VP"生成的小句都作了"后悔""可惜"的补足成分。例如:

(9)他只好回家吧,虽然很后悔没能厮杀一阵。(老舍《牛天赐传》)
(10)说我只是这个时代的一个跳蚤,只可惜没能跳得更高。(王朔《王朔自选集序》)

例(9)对没"厮杀一阵"表示后悔,例(10)表示对"跳更高"这一结果的惋惜态度。

总之,"没 MVP"客观上达到对事件现实性的否定,通过道出"致能条件"的阻碍,一方面获得了事件未实现的原因,另一方面充分表达了说话人或句子主语感到可惜与后悔的主观态度与情感。

3 "没要 VP""没想 VP"否定事件现实性的表现

通过调查,本文发现,"没要 VP""没想 VP"在否定事件现实性方面,存在两种情况,一是达到了对现实的否定,另一则是未达到,本节具体展开分析。

3.1 否定现实性

先来看达到否定事件现实性,例如:

（11）我知道他们要维新救国，并没要造反。（老舍《秦氏三兄弟》）（《飘》）

（12）可是他始终没要找她去，虽然嘴里常这么说。（苏童《井中男孩》）

例（11）、例（12）中的"没要VP"都达到了对事件现实性的否定，比如例（11）"没要造反"，事实上也没有"造反"，例（12）"没要找她去"，事实上也"没找她去"。再看"没想VP"，例如：

（13）没人打电话给我，我也没想打电话给任何人。（村上春树《萤》）

（14）真可惜，他压根儿就没想遵守那个承诺。（张炜《你在高原》）

例（13）、例（14）中的"没想VP"，否定意愿情态动词"想"，也否定了事件发生的现实性。

总之，"没要VP""没想VP"，可以达到否定事件现实性的效果。

3.2 未否定现实性

"没＋M＋VP"有时未必否定事件的现实性。彭利贞（2005）指出，通过对动力情态的否定能得出现实事件的否定，在逻辑上没有问题，既然当时没有能力、没有勇气等致能条件，当然当时也不可能有事件的实现。但能达到对［意愿］的否定却不一定能得到对现实事件的否定，例如：

（15）顶多看不起她，却没想加害于她……这部机器只好从她身上碾过。（张洁《无字》）

（16）我没想笑，可又忍不住。（基德《美人鱼椅子》）

（17）李教授，我没想打搅你，但是，你的门是开着的。（伍绮诗《无声告白》）

例（15）、例（17）中，从语篇来看，"没"否定"想"的"意愿"，事件最后还是可能发生了，例如例（15）没想加害于她，实际上害了她，例（16）没想笑，实际上却笑了，例（17）没想打搅，实际上还是说话打搅了。表明语言世界与现实世界的不匹配，主观世界与现实世界的不匹配。事实上，现实事件的发生并不能遂人愿，或者说，意愿并不能决定现实事件的发生，现实事件人的主观行为有时也不受主观意愿的控制。这种不匹配常常有其背后基于特定的语用表达动机。语言的形式和意义通过概念结构与外部世界建立起一种映射关系(崔希亮，2002)。本文认为，有时候这种映射也会呈现一定的扭曲，对于本文而言，否定意愿，有时并不能否定外部世界事件的真实存在与发生。

　　总之，"没要 VP"与"没想 VP"也存在未否定现实性的表达，这就需要解释：言者通过使用"没＋M＋VP"这一结构，未否定现实性的条件是什么？ 表达目标是什么？

4　"没要 VP"表达未否定现实性的条件与效用

本节从反事实表达的语用功效分析"没要 VP""没想 VP"表达未否定事件现实性的动因与机制。

4.1　"没要 VP"与未否定现实性的条件

4.1.1　时间副词："原本""本来"

事实表明，当"没要 VP""没想 VP"为否定事件现实性时，句中常出现表示过去时间的副词"原本""本来"，这些词通常也被认为是反事实标记，例如：

> (18)他原本也没想叫人感激，只是努力地尽一份责任而已。（方方《行云流水》）
>
> (19)有许多男生本来没想笑，见言丹朱笑了，也都心痒痒地笑了起来。（张爱玲《茉莉香片》）

表达非现实语义的词语可以同"本来"一起构成反事实解读并且参与反事实心理空间的构建。原因就在于"本来"具有明显表过去时间的意味，因此当说话人立足于现在，说出自己在过去某段时间内的想法或者猜测时，那么很有可能是事情发生了变化而没有按照当初预想的被完成。否则假如事情或者状况根据说话人的想法发展，那么就没有必要在说话时刻再说出自己之前对此的猜测(章敏，2016)。也就是说，例(18)例(19)的反事实语义是通过"本来"的时间意义与具有非现实用法的动词连用得来的。

"本来""原本"同样具有标识过去时间意义,表示过去时间的状况,与非现实的表[意愿]的"要""想"连用时,表示过去的[意愿],这种过去的[意愿]与当下事件的现实性产生对照,使得"没想 VP""没要 VP"产生反事实语义。

总之,在"没+M+VP"结构中,否定词"没"的时间性特征至关重要,即一般是对过去的否定,通过对过去的否定,来否定事件发生的现实性。

4.1.2 转折关联:"但""可""并""却"

情态动词"想、要"表达的是说话的意愿特征,而"没"的客观否定,否定这种意愿的存在,由主观意愿转变为意愿不存在,进而成为非意愿,这种非意愿与事实的发生产生对比与转折,因此常有转折连词或语气词的出现,例如:

> (20)我上告他,不过想扳平个理,并没要送他去坐牢呀?(陈源斌《万家诉讼》)

> (21)我没要熬夜,但当时不得不通宵完成那份报告。

例(20)有"并",例(21)有"但",都表达说话人的转折意味,意指事件的发生与意愿的不相符合。"没+M+VP"还通常与转折连词"可"同现,例如:

> (22)我气不过。可我没想要他死,只想让他少动弹少造孽啊!(王旭烽《茶人三部曲》)

> (23)可我当时也没要完全置你于死地。(王朔《人莫予毒》)

转折连词"可"本质上是表示不匹配关系的:一是表示前后两个分句所述事实彼此对立,例如,"该来的不来,可不该来的却来了";二是表示正句所述事实跟从偏句得出的常规推论相背,比如,"虽然立春了,可天还很冷"(张秀松,2016)。本文认为,言者主语或者句子主语用"可"表明了事实与意愿的违背。凸显了说话人的惊讶、惋惜之意。

4.2 "没要 VP"表达未否定现实性的效用

4.2.1 内疚与自责

本文认为,"没+M+VP"结构隐含了这种意义:主语本来"想"做,可是因为没有"能力"等条件,而最后没做。所以它与反事实句常带有的"后悔"意味,有相通之处。例如:

(24)当时没要完全置你于死。

(25)祁老人真没想发脾气,可是<u>实在控制不住了自己</u>。拍了桌子之后,他有点后悔。（老舍《四世同堂》）

例(24)后句中也有"后悔"一词同现。据袁毓林(2015)研究,汉语的反事实条件句大多数具有明显的情感倾向:或者表示庆幸(为人的出乎意料的成功或意外地避免不幸或得到好的结局而感到高兴),或者表示遗憾(对人的最终没有逃脱不幸遭遇或事物的最终还是不如人意表示同情或可惜)。"没能 VP""没想 VP"正是表达"遗憾""后悔"的负面情绪。

总之,当事件未能如愿成真时,施事主语如例(24)与句子主语(25)一般会表现出后悔自责义。

4.2.1 还原事实与强化观点

"没能 VP""没想 VP"有"还原事实"与"强化观点"的作用,先看"还原事实",由于"原本"具有时间性哪个,可以将时间轴拉回到事件的初始,说话人通过"原本"的参照尽力找回事实真相,说明本初意愿。例如:

(26)他原本也没想叫人感激,只是努力地尽一份责任而已。（方方《行云流水》）

(27)原本没想花这么多钱,可是选择材料的时候,西服店的老板看了看博士身上的那件。（老舍《文博士》）

例(26)表示句子主语本来没有想叫人感激的想法,例(27)表明句子主语没想要花很多钱。因此采用"没想 VP"结构。以上两例都不能从否定意愿达到否定事实性,与现实性相反。再比如:

(28)我为什么该一个人受苦呢! 再说,我没要和他定婚,是他哀告我的……（老舍《二马》）

"再说"虽然是一个典型的递进连词,"再说"句中还可能包含并列关系、让步关系以及假设关系,这些不同的语义关系赋予了"再说"一定的主观性以及不同的语用功能,使其在表达的过程中起到强化说话人观点的作用(袁昱菡、吕文涛,2018),上例中的"再说"也起到强化说话人观点的作用。

总之,"没＋M＋VP"结构既然是对过去的否定,那么从句类上来说,是一种否定判断句,对过去事实的一种判断,从而强化对事件未成事实原因的观点。

5 结语

王维贤先生(1997:1)指出,句法分析的主要目的在于探讨语言形式表示意义的规律。离开语言形式讨论意义不是语言学,离开意义也无从讨论形式。本文从"没＋M＋VP"这一形式出发,分析了其对事件现实性否定的情况,在前人研究的基础上,分析了"没＋要＋VP"与"没＋能＋VP"未否定实现现实性的原因与机制。

本文认为,"没＋要＋VP"与"没＋能＋VP"既有否定现实性表达,也有未否定现实性表达。当未否定现实性时,有其特殊的语用表达效果,一方面用这种反事实表达来表达说话人对事件发生的后悔与非意愿性,一方面强化了说话人观点,表明说话人对事件现状的解释。

本文为国家社科基金项目"汉语情态与体的同现限制研究"(23BYY042)阶段性成果。

参考文献

崔希亮,2002,《认知语言学:研究范围和研究方法》,《语言教学与研究》第5期,第1—12页。

彭利贞,2005,《现代汉语情态研究》,复旦大学博士学位论文。

王维贤,1997,《现代汉语语法理论研究》,北京:语文出版社。

袁昱菡、吕文涛,2018,《"再说"的衔接类型及其语用功能》,《湖北第二师范学院学报》第11期,第11—16页。

袁毓林,2015,《汉语反事实表达及其思维特点》,《中国社会科学》第8期,第126—144、207页。

张立飞,2015,《汉语"没＋MVp"构式的认知理据和语义结构》,《世界汉语教学》第 1 期,第 68—82 页。

张秀松,2016,《语气副词"可"的语法意义的生成研究》,《江苏师范大学学报(哲学社会科学版)》第 4 期,第 125—134 页。

章敏,2016,《"本来"反事实句与情态共现问题研究》,《新疆大学学报(哲学·人文社会科学版)》第 1 期,第 129—135 页。

词尾"了"是"时体混合"标记吗？

浙江大学文学院　　许　钊

提　要　主张词尾"了"是"体"标记而不是"时体混合"标记。基于词尾"了"在"相对时"中句法不自足的现象,明确"相对时"在汉语中不是语法范畴而是时间的概念范畴,指出"了"是实现相对时间意义的"体"手段之一,表达"事件时间＜参照时间"①的"体"意义。据此,明确了不能将"了"表达时间概念范畴中的"先时"时间意义视为"了"作为语法范畴中的"时"标记。

关键词　了;体;相对时;语法范畴

1　引言

语言学界对现代汉语词尾"了"的语法意义研究观点不一,既存在认为"了"表达"完成""实现""完整""界变""事件-时间认知窗口投射"等"体"意义观点,又出现"了"是"时体混合"标记观点,后一种观点包括林若望(2017)、朴珉娥、袁毓林(2019)等。

以上观点缺少对比与整合,导致"了"的语法意义无法展现全貌。本文旨在对以上观点的内核进行评述、辨析、证明、证伪以及整合,最终得到"了"相对全面的语法意义。

本文的结论是,词尾"了"是纯粹的"体"标记而不是"时"标记。该结论包含以下解读:第一,"了"表达"事件时间＜参照时间"的"体"意义;第二,"先时"是时间的概念范畴而非语法范畴;第三,"了"之所以在句子的"最简结构"中表

---

①　本文中"＜"表示"先于"。"事件时间＜参照时间"即"事件时间先于参照时间。"

达"绝对过去时"意义，是因为说话时间作为最基本的参照时间而存在，此时"时间"的概念意义和语法表达意义一致；第四，"了"在"相对时"中无法自足表达"先时"意义。

2　"了"的"先时性"

根据 Comrie(1976:3)的经典定义，"体"是对事件(情状)内部时间结构的不同观察方式。这一定义包含了事件和观察视点两个主体，而学界对"了"研究的基本共识是"了"至少是"体标记"，那么可以推导出，"了"表达事件与观察视点的关系，也就是说，"了"表达事件时间和参照时间的关系。

Comrie(1976)将事件时间和参照时间的基本关系视为"完整－非完整"的对立关系。当参照时间位于事件的外部时，得到的是对事件全貌的观察结果，如例(1)，当参照时间位于事件内部时，得到的是对事件部分的观察结果，如例(2)。因此无论是认为"了"表"完成""完整""实现""界变"还是"先时"，这些观点在例(1)中都成立。

> (1)小王昨天写了一封信。
> (2)小王昨天在写一封信。
> (3)＊小王明天写了一封信。

但是，将例(1)的时间词"昨天"替换成"明天"，那么会得到如例(3)的非法句。对比例(1)和例(3)两句，最显著的区别是事件时间与说话时间的位置关系发生的改变，例(1)的位置关系是"事件时间＜说话时间"，例(3)的位置关系是"事件时间＞说话时间"。

此时，可以首先证伪"完成说"的合理性。如果"了"表达"完成"，那么例(3)也可以有"完成"的意义，理解为小王明天写完一封信并没有逻辑问题。对此，虽然金立鑫(1998)区分了语法意义上的"完成"和词汇意义上的"完成"，但是正因为"了"属于语法范畴而非词汇范畴，所以用实在的词汇意义解读语法意义存在局限，而语法意义上的"完成"说到底还是要回到抽象的呈现方式，即"事件时间＜参照时间"。

对比例（1）和例（3）也可以证伪"界变说"。当然这里的"证伪"并不是完全否认"界变"的内核，因为"界变说"的重要贡献是揭示了戴耀晶（1997：36）所说的"动态性"，指出静态动词被"了"标记后表达从"非状态 P"向"状态 P"转变的过程。只不过"界变说"并不区分词尾"了"和句尾"了"，忽视了两个"了"之间的句法、语义差异，从而产生了"将变"等理论，这种"将发生界变"的说法在例（3）中显然是错误的。

根据例（1）和例（3）的对比分析，本文设定"了"表达"事件时间＜参照时间"的关系。但是这一假设尚未考虑到另一种"完整"的情况，即参照时间包含事件时间的情况。对事件全貌的完整观察存在两种位置可能，第一种是事件时间与参照时间属于先后关系且二者没有交集，第二种情况是事件时间和参照时间属于包含关系，事件时间是参照时间的子集。例（1）和例（3）的对比揭示了事件时间与参照时间的第一种逻辑关系，但是未能呈现第二种情况，本文接下来对此做出分析。

与"事件时间包含于参照时间"相关的是"新实现说"（Lin，2003；Bohnemeyer & Swift，2001）和"事件—时间认知窗口投射说"（陈振宇，2007）。Bohnemeyer & Swift（2001）从普通语言学视角对"实现"做出了解读，通过以下符号公式做出了具体界定：

$$\forall P, t_{TOP}, e \subseteq E[\text{REAL}_E(P, t_{TOP}, e) \leftrightarrow \exists e'[P(e') \wedge e' \leqslant_E e \wedge \tau(e') \leqslant_T t_{TOP}]]$$

根据 Lin（2003），P 是一个谓词，P 如果在主题时间中被包含它的事件 e 实现，那么必须满足的要求是，当且仅当<u>至少有一个事件 e 的部分事件 e' 在主题时间中符合 P 的意义</u>。定义中的"主题时间"就是参照时间，是事件被观察以及事件真值意义被断言的时间（Klein，1994：3），例如"我上午跑了步"中的"上午"。Lin（2003）在该界定的基础上对"了"的实现意义给出了类似定义。与两位学者的界定相似的是陈振宇（2007：371），陈氏将"了"的"体"意义理解为事件（被凸显的阶段）在时间认知窗口的投射，这里的"时间认知窗口"与Bohnemeyer & Swift（2004）的"主题时间"本质相同，都可以大致理解为"参照时间"。那么对于例（1）而言，参照时间是"昨天"，"了"的语法意义是标记"写一封信"在"昨天"为真，即"实现"，又因为事件时间包含于参照时间，所以可以推导出"写一封信"具有"完整体"意义，即事件被完整地投射在"昨天"时间认知窗口之中。以上两种观点的问题在于，无法解释例(3)不成立的原因。如果将时间词"昨天""明天"等视为参照时间，那么例(1)和例(3)的事件时间与参照时间的关系将保持不变，均是"事件时间⊆参照时间"，但是很明显例(3)并不合法，相反，只有将"了"删除，并通过添加"会""将会""将要"等助动词或时间副词，才能合法表达事件发生在将来，如例(4)，此时"写一封信"和"明天"的位置关系与例(3)相同。对比例(3)和例(4)，两者的不同在于参照时间与说话时间的位置不同，以及事件时间与说话时间的位置不同，由此可以假定以上两处不同是造成例(3)非法而例(4)合法的原因。

(4)小王明天会写一封信。

首先看第一种差异。若是因为参照时间和说话时间的位置不同导致例(3)、例(4)合法性差异，即是认为例(3)中"了"不能出现的原因是参照时间必须先于说话时间，这等同于默认"了"的语法意义是标记"参照时间〈说话时间"。按照 Reichenbach(1947)，陈振宇(2007)、金立鑫(2008)的理论，参照时间与说话时间的位置关系构成了"时"(Tense)，如果认为"了"标记"参照时间〈说话时间"，那么可以推导出"了"是表达过去时意义的"时标记"。但是这一推论在例(5)中被证伪。

(5)小王明天这时肯定已经写完了信。

例(5)的参照时间是"明天这时"，事件时间"写完信"先于"明天这时"发生，即"事件时间＜参照时间"，这与上述"参照时间＜说话时间"的"时"界定相矛盾。因此，将"明天""昨天"等视为参照时间，并且将例(3)和例(4)的合法性差异归结为参照时间与说话时间先后关系的不同，无法成立。

其次看第二种差异。例(3)、例(4)的另一个区别是事件时间与说话时间的位置不同。在例(3)中，事件时间先于说话时间发生，因此需要词尾"了"出现，在例(4)中事件时间后于说话时间发生，因此无其他时间要素时"了"不能出现。按照本文最初的假设，"了"表达"事件时间＜参照时间"，这首先可以解释例(3)不合法而例(5)合法的原因。因为例(3)中不存在后于事件时间的参照时间，而例(5)中存在后于事件时间的"明天这时"。由此推论至例(1)合法的原因在于，说话时间就是参照时间，因此"小王昨天写了一封信"中"事件时间＜说话时间"其实就是"事件时间＜参照时间"。相反,时间词"昨天"并不起到参照时间功能,只是进一步说明事件具体时间位置的时间框架,本文称之为"二次定位时间",与之相对的是说话时间的"初次定位时间"/"指示时间"功能,即 Prior(1967:13)所说的"第一参照时间"。问题在于:如果将说话时间视为参照时间,那么例(5)就存在两个参照时间,分别是说话时间和"明天这时",此时事件时间应该与哪个时间要素产生关联?

我们认为,这取决于事件是"直接定位对象"还是"间接定位对象"。事件是直接定位对象时,事件时间与说话时间构成了最基本的时体关系;事件是间接定位对象时,事件与说话时间没有直接关联,此时另一参照时间与说话时间构成"时",事件时间与另一说话时间构成"体"。

综上,通过例(1)至例(5)的对比分析,明确了"了"是表达"事件时间＜参照时间"的语法标记。这种"先时"关系表明事件被参照时间从外部进行观察,从而推导出了"完整体"意义。本文指出,"完成""界变"无法呈现"事件时间＜参照时间","新实现说""事件－窗口投射说"虽然推导出了"完整体"意义,但是仍然无法呈现这种"先时"关系。

以上分析中有两个问题尚未解决。第一,"先时"是"时"范畴还是"体"范畴?第二,"了"可以与阶段体标记"起来""下去"等共现,是否是"完整体"的反例?接下来将一一做出分析。

3　"先时"是"时"范畴吗?

时体范畴的研究中必须区分"时间"的概念范畴和语法范畴。时间的概念范畴是对时间概念的客观认识,"过去""现在""将来"是最基本的时间概念,而时间的语法范畴是对时间认识之后的语法表达形式,二者是不同层面的概念。例如 Jespersen(1924)就强调,"时间"和"时态"最好使用两套术语表达,"时间"在丹麦语及德语是用本族语表达的,"时态"则是用拉丁语表达的,而英语中的"Past"和"Preterit"也分别对应了"过去"和"过去时"。这说明,"过去""现在""将来"与"过去时""现在时""将来时"是不同的层面范畴。

"了"的"先时"意义应该作何理解?本文认为,"了"的"先时"是时间意义而非"时"意义,林若望(2017)等学者认为的"时体混合说"有待商榷。

最有效的证据在于,"了"在表达"相对过去时"时无法自足。以例(6)和(7)为例。

(6)＊你昨天打电话时我(√已经)离开了办公室。

(7)＊你明天来时我应该(√已经)辞去了职务。

从逻辑上看,"了"的"先时"意义无论表达"基于过去的过去"还是"基于将来的过去",语义上都是自足的。例(6)中"打电话"相对于说话时间发生在过去,"离开办公室"相对于"打电话"具有"先时"意义,则推导出"离开办公室"发生在"过去的过去"。例(7)同理。

但是从语言事实上看,例(6)和(7)必须出现"已经"等时间副词,否则句子不合法;同理,例(7)表达"将来完成时",事件时间"辞去职务"发生在"将来的过去",句子的合法性同样以"已经"的存在为前提。这说明,"了"在表达"相对时"中句法并不自足。

上述语义自足而句法不自足的矛盾原因在于,"相对时"是时间概念而非"时""体"概念。"时间"范畴的"过去"并不与"时"范畴的"过去时"完全对应。对于时间范畴中的"过去"而言,事件虽然在客观上发生在过去,但是却既可以呈现为"过去时",又可能呈现为"现在时",既可能通过"时"的语法手段实现事件的时间定位,也可能通过"体"的语法手段实现这一目的。对于例(6)和(7)而言,说话人正是通过"完成体"的语法手段表达"相对过去时"的时间意义,这便是句中必须出现"已然体"标记"已经"的原因。

因此,"过去完成时"实际上是"过去时-完成体","将来完成时"实际上是"将来时-完成体",所谓的"相对过去时"只是时间概念而非语法概念。"了"在上述两种时态中虽然出现,但是并不起到"时"功能,而是起到"实现体"功能,然后与标记对象一同被"已经"修饰,从"实现体"转变成"完成体"。

4　余论

对"了"的语法意义解读有利于汉语"时"系统的重构。根据本文发现,第一,"绝对时-相对时"理论是时间在概念范畴上的分类而非语法范畴上的分类,所谓"相对时"是时间意义而非语法意义,"相对时"的语法手段是"体";第二,说话时间是最基本的参照时间,"时"在一些情况下可以由"参照时间—说话时间"的关系表达,但是在另一些情况下不能。基于这两点,Reichenbach(1947)和Comrie(1985)的理论都无法满足汉语的时体表达特点,将另文阐述汉语需要走一条"直接时—间接时"的理论道路。

本文为国家社科基金项目"汉语情态与体的同现限制研究"(23BYY042)阶段性成果。

参考文献

陈振宇,2007,《时间系统的认知模型与运算》,上海:学林出版社。

戴耀晶,1997,《现代汉语时体系统研究》,杭州:浙江教育出版社。

金立鑫,1998,《试论"了"的时体特征》,《语言教学与研究》第 1 期,第 105—120 页。

金立鑫,2008,《对 Reichenbach 时体理论的一点补充》,《中国语文》第 5 期,第 433—440、480 页。

林若望,2017,《再论词尾"了"的时体意义》,《中国语文》第 1 期,第 3—21、126 页。

朴珉娥,袁毓林,2019,《汉语是一种"无时态语言"吗?》,《当代语言学》第 3 期,第 438—450 页。

Bohnemeyer, J. and Mary Swift. 2001. "Default aspect: the semantic interaction of aspectual viewpoint and telicity." *Proceedings of Perspectives on Aspect*. Utrecht: Utrecht Institute of Linguistics.

Comrie, B. 1976. *Aspect*. Cambridge: Cambridge University Press.

Comrie, B. 1985. *Tense*. Cambridge: Cambridge University Press.

Jespersen, O. 1924. *The Philosophy of Grammar*. New York: Norton.

Klein, W. 1994. *Time in Language*. London: Routledge.

Lin, Jo-wang. 2003. "Temporal reference in mandarin Chinese." *Journal of East Asian Linguistics* 12, pp. 259-311.

Prior，A. 1967. *Past*，*Present and Future*. Oxford：Clarendon Press.

Reichenbach，H. 1947. *Elements of Symbolic Logic*. New York：Macmillan.

王维贤先生的语言学探索和实践

浙江大学文学院　　彭利贞

提　要　王维贤先生在语言学研究上取得的成就是多方面的,主要体现在:在语言学理论和现代汉语语法研究结合上的卓越建树;逻辑工具在现代汉语语法研究中的成功运用;对中国传统语言学的融会贯通。文章特别对王维贤先生在现代汉语语法研究中的自觉理论意识、理论创新意识、汉语语言事实的发现、方法论上的贡献作了比较详细的分析。

关键词　王维贤;语言学理论;语法;三个平面

2022 年是王维贤先生诞辰 100 周年,回顾王维贤先生的学术思想与成就,有特殊的意义。王维贤先生是我国当代著名语言学家、逻辑学家、教育家,他对中国现代语言学的发展、为中国语言学人才的培养做出了杰出的贡献。我们将从如下方面介绍王维贤先生的学术思想和成就:(一)在语言学理论和语法研究上的卓越建树;(二)逻辑工具在汉语语法研究上的成功运用;(三)对中国传统语言学的融会贯通。

1　在语言学理论和语法研究上的卓越建树

王维贤先生在语言学理论上具有高度的修养,所以,对语言学,特别是汉语语法研究中的一系列重大问题,能够提出自己独特而精辟的见解。他主张理论上的借鉴,所以总是能站在语言学理论发展的最前沿;他致力于理论上的创新,表现出自觉的理论创新意识。他特别注意理论密切结合汉语语法事实的研究,从理论的高度致力于解决汉语语法研究中的许多疑难问题。在实际的研究过程中,他特别注重正确处理理论与事实、宏观与微观、静态与动态、形式与意义、个性与共性、语言与逻辑之间的关系,在语言学研究方法论方面做出了重要的贡献。

1.1　自觉的理论意识

王维贤先生的著作,大都富于浓厚的理论色彩。即使是研究现代汉语语法的一些具体问题,也往往能上升到理论的高度。他对现代语言学的理论研究,提出了一些发人深省的见解,既具有独创性,又具有普遍的指导意义。这些都与他自觉的理论意识有关。

在《言语三论》(1962)中,他分析了言语的本质、言语与语言的关系,提出"广义言语"和"狭义言语"的区分;指出"语言与言语中的语言成分"是"一般与个别、本质与表现的关系",廓清了当时对"言语"存在的许多模糊的认识。

他为参与"词义与概念"的讨论发表的《也谈词义和概念的关系》(1963),明确地提出:即使在相当复杂的情况下,"词义也等于概念"。

《现代汉语语法》(1981,合著)一书,比较早地全面引进结构主义语法学派的一系列理论和方法,用来分析现代汉语语法事实。该书比较全面地反映了结构主义的语法思想,在当时出版的几十种同类著作中是比较有特色的。

《现代汉语语法分析纲要》(合著,1981)根据结构主义理论,同时部分吸收功能语法的观点,对汉语各级语法单位语素、词、词组(短语)和句子从结构形式和句法功能上进行了重新界定,并说明了它们在结构上和功能上的区别和转化。在句法结构分析上则全面运用了直接成分分析法。

针对短语结构是否完全等同于句子结构这一个长期存在争论的问题,《现代汉语的短语结构和句子结构》(1984)一文做出了明确的回答。在区分语言的"层次和线性""短语和句子""类型和实例""深层和表层""语法和词汇""孤立和语境"的基础上,阐释了短语和句子的区别和联系。这篇针对性较强的论文体现了王维贤先生可贵的理论探索的勇气。

20 世纪 70 年代末,王维贤先生就在研究生课堂上系统地讲授了转换生成语法理论,表现了他在理论追求上的敏感性。从 1985 年到 1987 年发表过一系列介绍索绪尔、布龙菲尔德和乔姆斯基基本观点的述评性文章,反映了他对语言理论的不懈的追求和兼收并蓄的风格。而且，介绍之到位，对这些理论精髓把握之准确，可说是独步于当时汉语理论语言学界的。这些带有"桥梁"性质的论著，在中国语言学同世界语言学"接轨"的初期，其积极作用显而易见。

王维贤先生较早地积极倡导三个平面的语法研究理论。他的三个平面有自己独特的含义。他认为，三个平面是句法平面、句法语义平面、句法语义语用平面。这不仅仅是术语上的不同，也它反映了王维贤先生对语言的三个平面与句法研究的三个平面的独特的理论探索。

此后，王维贤先生没有停止语言学理论的探索，他在《关于语义与语法的几点思考》(2001)中，对语言学和语言学研究中的基本问题进行了更加深入的探讨。针对当时汉语语言学界出现的一些新现象，王维贤先生更深入地论证了这样一些语言学的根本问题：语言与言语的本质及其关系；语言系统的内部结构；语言与认识的关系；语义的本质；句法与语义的关系或矛盾。这在语言研究中语义越来越得到重视的今天，无疑具有深刻的意义。

王维贤先生的《认知、交际和句法》(2005)融合了他对语言理论问题的新思考。他从语言的内部组织着手，论证了"语汇库"这一重要概念，认为扩大"语义学"的研究范围有其内在的合理性。他指出"语言的规律要能解释言语"；句法研究不但要研究"句型"，而且更应该研究词语的"选择、组合、融合、附合、移位和省略"等"运算规则"。

王维贤先生曾多次强调，研究语法(包括整个语言)，一方面要植根于人对客观事物的认识或认知，一方面要联系到人与人之间的言语交际。这一理论主线，贯穿了王维贤先生多年自觉的理论探索，也可以说是他的三个平面句法理论的精髓。

1.2　理论的创新：独特的三个平面句法理论

王维贤先生的理论意识还集中体现在语言学理论的创新上，而这种理论上的创新又在他独特的三个平面的句法理论中得到了比较充分的反映。他结合现代汉语的语法实际，融合生成语法和功能语法理论，提出了一个分析现代汉语语法的理论框架。

在《说"省略"》(1985)中，王维贤先生在指出"省略"有意念上的省略、结构

上的省略和交际上的省略。在《现代汉语的句法结构、语法结构和语用结构》
(1987)中,进一步阐述了语义结构和句法结构的关系,特别是语用因素同句法
结构和语义结构的关系,认为语法在言语生成的各个阶段以不同形式的规律
参与句子的形成过程。在《句法分析的三个平面与深层结构》(1991)中,王维
贤先生进一步明确提出句法分析的三个平面,句法平面表现为基本短语结构
形式;句法语义平面表现为基本短语;句法语义语用平面是出现在言语交际中
的"具体短语"(即句子),这里包含着基于语用的转换。

综合起来,他的三个平面句法理论的重要贡献在于:

(一)揭示了三个平面的理论本质。他分析了"语言的三个平面"与"句法
的三个平面"的联系,指出,句法的三个平面是"句法平面""句法语义平面"
"句法语义语用平面",而语法则是贯穿这三个平面的统一规律。这种对三个
平面深刻理解的独特魅力就在于他所采用的理论框架既是转换生成语法的,
又充分地吸收了功能语法理论中的合理内核,即,从基本短语结构形式(句法
平面)插入具体的词汇,就形成了深层结构(句法语义平面),然后转换到表层
结构(句法语义语用平面);这三个平面在句法形式上有不同的表现,而不同平
面上的句法形式又是互相联系着的。

(二)提出了汉语语法体系的新构想。这个体系包括:一系列基本短语结
构形式、一个范畴词库、一系列基本短语结构和深层结构、句法结构和语义结
构对应清单、词语语义范畴词典、一系列转换规则。

(三)提出了一种解释力和操作性很强的句法分析理论。这种解释力和操
作性主要表现在:根据句法、语义、语用等不同条件全面研究汉语句法结构,句
法结构在不同因素制约下有不同的表现形式,这些不同的句法形式都是语法
学研究的对象;句法结构的表现有层次性,不同层次之间又紧密联系,句法结
构的层次性和联系性体现在句法研究(或理解)过程中逐层抽象和语句生成过
程中反抽象的"具体化"程序上;句法体系应该是一个金字塔式的结构,顶端是
有限的基本短语结构形式,中间是数量较大的基本短语结构,底层是数量无限
的现实语句的句法结构表现,这三个平面又以有限的"运算规则"衔接起来,以
简驭繁,既简约而又充分。

王维贤先生对现代汉语语法研究的这种框架设想是在充分分析现代汉语

语句的基础上提出的,并结合现代汉语的实例进行了论证。这种框架设想符合现代汉语语法结构的特点,是全面把握现代汉语语法规律的一个较好的理论构想。

1.3 方法论的可贵探索

王维贤先生理论研究的另外一个重要方面是方法论的探索。

在《现代汉语语法研究的一些方法论问题(论纲)》(1991)中,王维贤先生提纲挈领地总结了他长期从事汉语语法研究经验,指出在语法研究中,特别要注意如下七个方面的关系,即:口语和书面语、规范和描写、语言和言语、解析和生成、形式和意义、归纳与思辨、训诂与语法。文章以辩证的观念和发展的视角,提出了许多对现代汉语语法研究具有重要指导意义的观点,这些见解对现代汉语语法研究产生了深远的影响。

《析句释难》(1984)紧密结合现代汉语语法教学与实际,在分析了语言结构本身造成的"复杂""紧缩""脱落""歧义""逸轨""省略"等因素的基础上,着重强调了析句方法上的"粗疏""矛盾""混淆"等原因。这其实就是从分解析句困难的原因入手,为读者提供析句方法的指导,而且,就句法研究本身而言,这显然有助于句子分析研究的深化。

王维贤先生探讨方法论,往往从细微处体现精辟的见解。在《从一句古诗看汉语句法》(2003)中,他以一句古诗为例,深入浅出地分析了汉语句法的特点,在此基础上,进一步就汉语句法研究的方法论问题提出了新的看法。

他的许多关于语言学研究方法论的见解,还散见于其他论著中,例如,在《认知、交际和句法》中,他指出,研究汉语句法,只讲句型不讲句法操作程序、不讲"句子"中词语以及语境对句法的制约,就不能讲清汉语"句子"是怎样构成的(造句)。这些关于汉语句法研究方法论方面的指导性见解,与王维贤先生关于语言、句法的理论一脉相承,是他语言学理论有机的组成部分。

1.4 现代汉语事实的新发现

理论的真正魅力在于理论在研究实践中的运用,汉语句法学的理论在这一点上表现得尤为突出。王维贤先生对语言学理论的探讨,都是以解决汉语句法中的问题特别是一些疑难问题为依归的,他的语言学理论,来自于对汉语的语言事实的敏锐观察,反过来又指导汉语句法研究的实践,并进一步为汉语语法学界提供可资借鉴和吸收的理论。

王维贤先生许多以理论探讨为目标的论著,都是以解决汉语语法中的具体问题为最终目标的,这些论著涉及了汉语语法学史上的许多重大问题,如主宾语问题、词类问题、句法研究的"本位"问题,而讨论中涉及的"省略"、"把字句"、"被字句"、语言使用中的"移位"和"插入",以及复句问题。

《论现代汉语动词形容词的名物化》(1987)一文,以乔姆斯基《论名物化》为理论背景,对所谓的"名物化"问题,进行了重新认识和思考,王维贤先生认为,有典型的名物化形式,有派生名物化词,也有混合型名物化词,并认为只有生成转换才能说明名物化中的复杂情况。文章还对所谓"的"字结构的名物化形式作了相应的分析。《"了"字补议》(1991)以口语为观察对象,在断代描写语言学的框架内,提出现代汉语有三个"了",为"了"的研究提供了新的维度。《动词小句的基本短语结构形式》(1994)在论证"基本短语结构形式"这一概念的基础上,对一类动词小句中的基本短语结构形式进行了细致而深入的刻画。作者还尝试使用了非常有特色的基本短语结构形式符号化表示法。

其他如《北京话儿化韵中的音位问题》(1982)、《现代汉语复句新解》(1994)、《现代汉语带"得"的补语句》(2000)、《关于介词的几个问题》(2004)等也都是对现代汉语具体问题的深入研究,得出了许多可信的结论。

2　逻辑工具在汉语语法研究上的成功运用

王维贤先生在逻辑学上有很深的造诣。他 20 世纪 40 年代求学于北京中国大学哲学系,后来又先后就读于清华大学哲学系、燕京大学哲学系和北京大学哲学系,在哲学、逻辑方面有着很深的造诣。从 20 世纪 50 年代起,在汉语教学与研究的同时还从事逻辑学的教学与研究工作。他主编了 10 所院校联合编写的高校教材《逻辑学》,受到欢迎。他倡导成立了逻辑与语言研究会,举办逻辑与语言函授大学,开创了逻辑与自然语言结合研究的新领域,在逻辑学界和语言学界都产生了重大影响。他很早就注意到逻辑与自然语言的密切关系,在逻辑和汉语结合方面进行了富有成效的、开创性的研究工作,并一直处于全国领先的地位。他运用逻辑工具对现代汉语具体问题特别是复句研究方面,体现了语言与逻辑相结合这一现代语言学交叉学科的魅力。

2.1　逻辑学及其与语言结合的研究

王维贤先生为逻辑学以及逻辑与语言的结合研究做了大量开创性的基础工作:

(一)国外逻辑学新成果的译介。1982 年,王维贤先生等人翻译出版了瑞典学者安德森等人的《语言学中的逻辑》。从 1986 年开始,又组织翻译了美国语言学家麦考莱的《语言逻辑分析》。

(二)工具书的编著。王维贤先生还为逻辑学以及逻辑与语言的结合在工具书的编著上做了大量的工作。《英汉逻辑学词汇》(王维贤先生是主要撰稿人)、《逻辑百科辞典》(王维贤先生是语言逻辑条目的组织者和主要撰写者)、《现代汉语实用手册》(王维贤先生是逻辑条目的组织者和主要撰写者)都是逻辑工作者、哲学工作者、语言工作者以及科技工作者非常实用的专业工具书,为普及逻辑学,特别是逻辑学在日常思维和语言中的运用,起到了积极的推动作用。

后来,他还参与了《怀德海文集》《严群文集》的译、编、校工作。

2.2　自然语言逻辑的理论与实践

作为逻辑学家,王维贤先生在自然逻辑学研究上取得了很大的成就,同时,他在教学和研究中发现逻辑与语言有着密切的关系,产生了把逻辑和语言结合起来研究,以拓展逻辑学的研究领域、推进语言学和逻辑学的发展的设想,并进行了广泛而深入的研究。

《"种"和"属"的译名问题》(1961)、《也谈词义和概念的关系》(1963)就逻辑与语言中的一些基本问题进行了探讨,其中就涉及语言与逻辑的关系问题。

王维贤先生主编的《逻辑学》(1980 年初版,1986 年修订,10 所高校联合编写)一书进行了逻辑结合自然语言研究的开拓性的尝试。这本《逻辑学》是试图结合现代汉语讲解普通逻辑的第一本教材,设"概念与语词""简单判断与句子""复合判断与复句"等章节,论述了逻辑、语法、修辞的关系,认为探讨自然语言同逻辑的关系有助于理解自然语言中的推理和语言的结构规律,同时,结合自然语言来讲概念判断推理,更可以体现逻辑在实际思维活动中的作用。

他在《逻辑语言学和语言逻辑学》(1989)这篇论文里,把逻辑学和语言学的交叉学科分为三类:语言逻辑学,即研究自然语言中逻辑问题的学科;逻辑语言学,即用现代逻辑的理论和方法研究语言的学科;逻辑—语言学,即把语言和逻辑看作一个整体进行研究的学科。王维贤先生关于逻辑学与语言学交叉的三个研究方向的理论,廓清了长期以来争论不休的问题,为这两门学科的交叉研究指明了方向,奠定了理论基础。在《逻辑与语言》(1995)一文中,他在论述现代逻辑和语法研究的一般关系之后,从"把自然语言语法看作一个形式系统""主目、格和价""量词""辖域""二阶谓词与谓词算学""联结词""集合""递归"等几方面谈了逻辑同句法研究的关系。

如果说前面两篇论文主要是从理论上探讨逻辑与语言的关系,那么《语言逻辑引论》(1989,合著)一书则是贯彻这些理论、结合逻辑来分析自然语言的成功范本。著名逻辑学家周礼全先生的给予该书高度评价,认为它"无疑会对我国的自然语言逻辑的研究起积极的推动作用"。同样,《虚词的逻辑特性》(1988,合著)也是一部自然语言逻辑的专著,拓展了逻辑学在此以前所涉及的范围。

2.3　逻辑工具在汉语研究中的成功运用

王维贤先生是把逻辑工具运用于语言分析的积极实践者。他把逻辑工具运用于语言研究的实际,拓宽了逻辑学研究的领域,更重要的是推动了汉语语法研究。胡明扬先生对此给予高度评价:"王维贤先生既是语法学家,又是逻辑学家,在运用当代西方语法理论和方法方面具有天然的优势。"王维贤先生也的确在这方面为汉语语法学界提供了一个成功的范例。

逻辑工具在汉语研究中的成功运用,主要体现在王维贤先生的复句研究方面。

《论"转折"》(1982)一文,以现代逻辑为背景,探讨了研究复句的新途径。文章指出,"虽然 A,但是 B"所表示的转折关系是一种以 A—M→B(这里 M 表示"较大可能性")为前提的一种紧缩推理。"即使 A,也 B"表示的是以 A—M

→B 为预设的 AB 之间的蕴涵关系。在此基础上,文章讨论了这两类复句成立的条件以及其他类型的复句。在《复句和关联词》(1985)中,王维贤先生指出,逻辑中的"合取""析取""蕴涵"等等是自然语言中复句间的基本逻辑关系的抽象和概括,但自然语言中关联词语所表现的关系却丰富得多。自然语言中的关联词语的语义分析既要利用标准逻辑这一精确的工具,又要加以突破,创造新的分析和解释工具。复句可以从逻辑的角度按照"合取""析取"和"蕴涵""推理"的差别分为联合、偏正两大类,然后再作不同层次的划分。这种以逻辑工具对复句的成功分析在《论转折句》(1991)、《论因果句》(1993),特别是在专著《现代汉语复句新解》(1994,合著)中得到了很好的体现。

3　对中国传统语言学的融会贯通

王维贤先生在注重借鉴国外理论、理论创新的同时,还特别注意从中国传统语法学、传统思想中汲取理论的合理内核。他公允地评价中国语法史上的重要著作,深入地探求中国传统中的语义学、语用学及语言哲学思想,在发掘中国传统文化遗产中的语言学思想方面取得了很大的成就。

3.1　对中国传统语法理论的公允评价

《〈马氏文通〉句法理论中的"词"和"次"的学说——纪念〈马氏文通〉出版六十五周年》(1963)到现在仍是研究《马氏文通》重要的参考文献之一。王维贤先生在该文中对汉语语法研究的开山之作《马氏文通》的理论体系进行了实事求是的历史主义的评价。他从对"词"和"次"这两个重要术语的梳理入手,不仅对"词"作了清晰而全面的分析,而且特别指出"次"的本质。文章客观地指出马氏的创新和不足,充分肯定了该书开创性的理论价值。《〈马氏文通〉的句读论》(2000)对《马氏文通》中最难梳理的句、读问题作了深入的探析,为进一步研究这个问题开辟了道路。

王维贤先生的《〈新著国语文法〉的语言观和方法论》(1997),从源头上讨论了黎锦熙"句本位"观点和区分词类、词品、词性转移的观点,并相应地讨论了现代汉语语法研究中所区分的"文学的次序"和"逻辑的次序",探讨二者关系的重要意义、句本位与词组本位之间的关系、句本位的理论与实践意义。他重新评价了历来存在很多争议的《新著国语文法》,认为对这本书所依据的语法理论和据以分析汉语语法的方法论原则应该给予适当的肯定,并吸收它们的合理部分以丰富我们的语法研究。

在《〈中国文法要略〉的"表达论"》(2004)中探讨了《要略》"背后的'理论'",并认为该书给了我们很多启示。

3.2　对中国传统语义学理论的深刻理解

王维贤先生认为,中国有些传统典籍中含有丰富的有关语言的理论,值得我们很好地去发掘,而且这种理论对我们今天的语言研究是非常有启示意义的。

王维贤先生的《段玉裁〈说文解字注〉中的语义学》(1998)对此做了很好的尝试。他认为,中国的语义学与中国的训诂学是分不开的,中国古代的许多语言学或符号学的理论常常寄托在古书的注释中。王维贤先生认为,段氏的《说文解字注》中关于汉字形音义相互关系的理论,揭示了汉字语义的本质,就是用今天的眼光看来也是非常精辟的。

3.3　对中国传统认知与交际理论的深度发掘

王维贤先生还对中国传统的语言哲学思想进行过非常有价值的探求和分析,这方面的成果主要体现在《论"说"》(1995)、《论"说"与"难"》(1996)、《中国语用学思想》(1997,合著)等论著中。

在《论"说"》《论"说"与"难"》中,王维贤先生指出,用自己的主张"说服"别人的时候,除去要注意"客观的语境",还要考虑"听者"的"主观的语境",即听话人的知识背景、性格特征、当时的情绪等等。在《中国语用学思想》第六、七两章中,王维贤先生在更广阔的背景之下,对秦汉至清这样一个时间跨度下中国传统的语言哲学思想进行了分析,对中国古代思想中的"名与实""言与意""言与志""言与行""文与道"等语言哲学范畴及其关系进行了分析和总结。王维贤先生认为,从语言哲学的角度讲,这些理论对我们就语言的理解、语言的作用等方面的研究都是非常有价值的。

4 结语

王维贤先生从哲学高度对语言及语言学的深刻领悟和理解、借助于逻辑工具对汉语具体语言事实的独到刻画和解释、对中国传统语言学理论的营养汲取和融会贯通,使他能站在独到的高度,建立在语言学研究和教学上的卓越成就。

王维贤先生在语言学理论上具有高度的修养,既主张理论上的借鉴,更致力于理论上的创新,特别注意理论密切结合汉语语法事实的研究,解决了汉语语法研究中的许多疑难问题。他特别注重正确处理理论与事实、宏观与微观、静态与动态、形式与意义、个性与共性、共时与历时、语言与逻辑之间的关系,在语言学研究方法论方面做出了重要的贡献。

王维贤先生的汉语语法研究的逻辑视角和逻辑工具的运用,为诸多同时代的语言学家所称道。他很早就注意到逻辑与自然语言的密切关系,在逻辑和汉语结合方面进行了富有成效的、开创性的研究工作,并一直处于全国领先的地位。他运用逻辑工具对现代汉语具体问题特别是复句研究方面,体现了语言与逻辑相结合这一现代语言学交叉学科的魅力。

王维贤先生还特别注意从中国传统语法学、传统思想中汲取理论的合理内核。他公允地评价中国语法史上的重要著作,深入地探求中国传统中的语义学、语用学及语言哲学思想,在发掘中国传统文化遗产中的语言学思想方面取得了很大的成就。

王维贤先生在语言学研究特别是理论研究上的实践和探索中形成的学术思想、学术成就、研究方法,必将给一代代语言学者以不断的启迪。

参考文献

陈月明,2000,《三个平面理论解析》,载邵敬敏主编《继承与创新:王维贤、倪宝元教授教学科研 50 年纪念文集》,杭州:浙江教育出版社,第 124 — 134 页。

邵敬敏,2000,《评王维贤先生的语言学研究》,载邵敬敏主编《继承与创新:王维贤、倪宝元教授教学科研 50 年纪念文集》,杭州:浙江教育出版社,第

29—38 页。

王维贤,1962,《言语三论》,《杭州大学学报(哲学社会科学版)》第 1 期,第 146－159 页。

王维贤,1963,《〈马氏文通〉句法理论中的"词"和"次"的学说——纪念〈马氏文通〉出版六十五周年》,《杭州大学学报(哲学社会科学版)》第 2 期,第 69—91 页。

王维贤,1984,《现代汉语的短语结构和句子结构》,《语文研究》第 3 期,第 11—20 页。

王维贤,1985,《说"省略"》,《中国语文》第 6 期,第 409—414 页。

王维贤,1991a,《句法分析的三个平面与深层结构》,《语文研究》第 4 期,第 5—12 页。

王维贤,1991b,《论转折句》,载《中国语言学报》编委会编辑《中国语言学报》第四期,北京:商务印书馆,第 49—58 页。

王维贤,1994,《动词小句的基本短语结构形式》,《中国语文》第 1 期,第 57—64 页。

王维贤,1997,《现代汉语语法理论研究》,北京:语文出版社。

王维贤,2000,《学习与研究——王维贤教授自述》,载邵敬敏主编《继承与创新:王维贤、倪宝元教授教学科研 50 年纪念文集》,杭州:浙江教育出版社,第 5—17 页。

王维贤,2001,《关于语义和语法的几点思考》,载范开泰、齐沪扬主编《面向 21 世纪语言问题再认识——庆祝张斌先生从教五十周年暨八十华诞》,上海:上海教育出版社,第 18—26 页。

王维贤,2007a,《认知、交际和语法》,北京:中国社会科学出版社。

王维贤,2007b,《王维贤语言学论文集》,北京:商务印书馆。

王维贤、李先焜、陈宗明,1989,《语言逻辑引论》,武汉:湖北教育出版社。

王维贤、卢曼云,1981,《现代汉语语法》,杭州:浙江人民出版社。

王维贤、张学成、卢曼云,1994,《现代汉语复句新解》,上海:华东师范大学出版社。

王维贤主编,1980,《逻辑学》,兰州:甘肃人民出版社。

王维贤等,1988,《虚词的逻辑特性》,乌鲁木齐:新疆人民出版社。

徐颂列,2000,《王维贤先生逻辑思想探析》,载邵敬敏主编《继承与创新：王维贤、倪宝元教授教学科研 50 年纪念文集》,杭州：浙江教育出版社,第 39—45 页。

附　录

王维贤先生传略

　　王维贤先生(1922－2009)，北京昌平人。1946 年毕业于北京私立中国大学哲学教育系。1946－1947 年在国立清华大学和私立燕京大学哲学系肄业，1947－1948 年在北京大学文科研究所肄业。1948－1951 年在浙江大学附属中学任语文教师；1951－1956 年在杭州第二中学任语文教师、教导主任。1956 年调到杭州大学(前浙江师范学院、现浙江大学)，教现代汉语、语言学和逻辑。1978 年后专门从事现代汉语和语言学的教学和研究工作，先后任讲师、副教授、教授，并兼任语言教研室副主任、主任。

　　王维贤先生曾讲授过现代汉语、语言学概论、普通逻辑等基础课，也教过汉语语法学史、汉语语法论文选读、现代汉语语法专题、语法理论、当代语言学转换生成语法等研究生课程。退休后还为汉语言文字学专业、语言学及语言学应用专业博士生和硕士生讲课。本世纪初，浙江大学语言与认知研究中心成立，王维贤先生虽年处高龄，仍为语言与认知研究中心的发展倾注了大量的心血，为浙江大学语言学学科建设和发展做出了突出的贡献。

　　王维贤先生曾先后担任过中国语言学会理事、常务理事；中国逻辑学会理事、顾问；中国逻辑与语言研究会理事长、学术委员会主任、顾问；浙江省语言学会会长、顾问；浙江省逻辑学会会长、名誉会长；浙江省哲学学会理事、顾问；浙江省社会科学联合会理事；中国逻辑与语言函授大学副校长、顾问等职。

王维贤先生的研究涉及现代汉语、汉语语言学史、语言学理论、逻辑学及语言逻辑等领域,其中现代汉语语法是他研究的重点。

他在 20 世纪 70 年代末教学讲义的基础上于 1981 年出版的《现代汉语语法》(与卢曼云合著)和 1981 年提交给"全国语法和教学语法讨论会"的提案《现代汉语语法分析纲要》(与刘云泉、卢曼云合写,发表的是其中总论部分)中,根据结构主义理论,并部分吸收功能语法的观点,改进《暂拟汉语语法教学系统》,试图对汉语各级语法单位语素、词、词组(短语)和句子从结构形式和句法功能上加以重新界定,并说明它们在结构上和功能上的区别和转化。在句法结构分析上强调了直接成分分析法。

从 1984 年到 1995 年,王维贤先后发表了五篇重要文章,结合现代汉语的语法实际,融合生成语法和功能语法理论,提出了一个分析现代汉语语法的理论框架。在《现代汉语的短语结构和句子结构》中,他在区分语言的"层次和线性""短语和句子""类型和实例""深层和表层""语法和词汇""孤立和语境"的基础上,阐释了短语和句子的区别和联系。在《说"省略"》中,他在指出意念上的省略、结构上的省略和交际上的省略后,提出要从下面四个不同角度分析句子才能比较全面地认识语言的结构。在《现代汉语的句法结构、语法结构和语用结构》中,他阐述了语义结构和句法结构的关系,特别是语用因素同句法结构和语义结构的关系。在《句法分析的三个平面与深层结构》中,他进一步明确提出句法分析的三个平面的完整的讲法应该是句法平面、句法语义平面和句法语义语用平面。在《语言的三个平面和句法的三个平面》中,作者对句法分析的三个平面进一步作了明确的界定,认为语法应该全面研究三个平面上的句法规律问题。王维贤先生对现代汉语语法研究的这种框架设想是在充分分析现代汉语语句的基础上提出的,并结合现代汉语的实例进行了论证。这种框架设想符合现代汉语语法结构的特点,是全面把握现代汉语语法规律的一个较好的理论设想。他在继上面五篇文章之后发表的《动词小句的基本短语结构形式》和《现代汉语带"得"的补语句》两文中,用上述框架讨论了现代汉语的一些句法问题。

王维贤曾与人合著《现代汉语复句新解》。在导论中,他扼要地阐述了关于语言、语法和句法分析的三个平面的观点,特别论述了复句研究的一些原则问题。着重讨论了表示各分句间逻辑语义关系的关联词语,并注意在不同句法平面上探讨复句的不同表现形式的规律。他在运用现代逻辑分析关联词语所表示的逻辑语义方面比过去的复句研究更加细致,更加深入,对复句的分类以及句法、语义、语用的不同因素对复句形式和意义的制约作用也作了有益的探讨。评者认为本书为复句研究开辟了一条新路。

在现代汉语词类等方面,王维贤先生曾发表过《现代汉语动词和形容词的名物化》和《"了"字补议》。在前一篇论文里,他以乔姆斯基《论名物化》为理论背景,认为典型的名物化形式是由主谓短语或动宾短语经过名物化转换来的,只有用生成转换才能说明名物化中的复杂情况。《"了"字补议》在断代描写语言学的框架内,提出现代汉语有三个"了"。此外,他还对北京儿化韵的音位系统作过分析。

王维贤还曾在《现代汉语语法理论研究的一些方法论问题》中,就语言研究中的"口语和书面语""规范和描写""语言和言语""解析和生成""形式和意义""归纳和演绎""训诂和语法"的关系问题提出了自己的看法。

在汉语语法学史方面,王维贤先后发表了三篇论文:《〈马氏文通〉句法理论中的"词"和"次"的学说——纪念〈马氏文通〉出版六十五周年》《〈新著国语文法〉的语言观和方法论》《〈马氏文通〉的句读论》。论文对《马氏文通》的"词"和"次"的理论作了比较细微、系统的分析,并对过去学者批评《马氏文通》"模仿西方语法"和"单纯从意义出发"的说法提出不同的看法。他认为对《马氏文通》和《新著国语文法》两书所依据的语法理论和据以分析汉语语法的方法论原则应该给予适当的肯定,并吸收它们的合理部分以丰富我们的语法研究。

在语言学理论方面,王维贤在 20 世纪 60 年代曾先后写过《言语三论》和《也谈词义和概念的关系》。在《言语三论》中,他既反对不区分语言和言语的观点,也反对把二者截然分开的观点。认为语言存在于言语之中,语言学不但要研究存在于语言中的抽象的体系,即语言,而且要研究语言在历史演变中的变化和在交际中的变化。在谈到词义和概念的关系时,他认为词义的基本部分同概念是重合的。20 世纪 80 年代,他写了一系列介绍索绪尔、布龙菲尔德和乔姆斯基的基本观点的文章,反映了他对语言理论的追求和兼收并蓄的倾向。在当时中国语言学同世界语言学"接轨"的初期,也起了重要作用。

　　王维贤先生也是著名的逻辑学家，是以运用逻辑工具分析汉语特别是汉语语法的典范。早在1980年，他就出版了《逻辑学》课本。王维贤先生以逻辑视角和工具研究汉语语法是他的语法研究的鲜明特色。在《逻辑语言学和语言逻辑学》中，他把逻辑学和语言学的交叉学科分为三类，并把语言学家和自己的语言逻辑研究定位于逻辑语言学范畴。在《逻辑与语言》一文中，他在论述现代逻辑和语法研究的一般关系之后，着重论述了逻辑同句法研究的关系。在《论"说"》中，他提出"说服"别人时考虑"听者"的"主观的语境"的重要性，扩大了制约逻辑规律特别是论证规律的因素的范围，把逻辑规律放在交际过程中来考虑，表现了一种较新的逻辑观。

王维贤先生著述目录

1960 年

《为进一步简化汉字而努力》,《光明日报》副刊《文字改革》1960 年 10 月 20 日第 7 期。

《句子的逻辑结构和语法结构》,《杭大函授》1960 年第 3 月号。

《逻辑学纲要》,讲义。

1961 年

《"种"和"属"的译名问题》,《中国语文》1961 年第 10、11 合期。

《试谈语言的全民性和使用语言的阶级性》,《实践》1961 年第 6 期。

《语言学引论》,讲义。

1962 年

《言语三论》,《杭州大学学报(哲学社会科学版)》1962 年第 1 期。

1963 年

《〈马氏文通〉句法理论中的"词"和"次"的学说——纪念〈马氏文通〉出版六十五周年》,《杭州大学学报(哲学社会科学版)》1963 年第 2 期。

《也谈词义和概念的关系》,《浙江学刊》1963 年第 4 期。

1975 年

《古文阅读中的词汇问题》,《语文战线》1975 年第 3 期。

1977 年

《谈"二难推理"》,《语文战线》1977 年第 1 期。

《"词"的词性辨析与正确使用》,《语文战线》1977年第5期。

1978年

《再谈"二难推理"》,《语文战线》1978年第2期。

1980年

《逻辑学》(主编),甘肃人民出版社,1980年。

《形式逻辑与中学语文教学》(合著),《浙江教育》1980年第1期。

《怎样才算概念明确》(合著),《浙江教育》1980年第3期。

《概念间的关系》(合著),《浙江教育》1980年第4期。

《明确概念的两种方法》(合著),《浙江教育》1980年第5期。

1981年

《现代汉语语法》(合著),浙江人民出版社,1981年。

《结合语言学习逻辑》,《中学生与逻辑》1981年第2期。

《应当重视和改进逻辑教学》,《语文战线》1981年第7期。

《学好语文需要学点逻辑》,《中学语文报》1981年9月1日。

《复句的逻辑分析》,讲义。

《现代汉语句法分析和词类问题》,未刊稿。

1982年

《论"转折"》,载逻辑与语言研究会编《逻辑与语言研究(2)》,中国社会科学出版社,1982年。

《现代汉语句法结构分析问题(合著)》,部分载于全国语法和语法教学讨论会业务组编《教学语法论集——全国语法和语法教学讨论会论文汇编》,人民教育出版社,1982年。

《北京话儿化韵中的音位问题》,《语言学年刊》创刊号(《杭州大学学报》增刊),1982年。

《语段和语文教学》,《语文战线》1982年第5期。

《现代汉语语法问题》,讲义。

《难句分析》(主编),未刊稿。

1983 年

《复句和关联词语》,《语言教学与研究》1983 年第 1 期。

1984 年

《现代汉语的短语结构和句子结构》,《语文研究》1984 年第 3 期。

《析句释难》,《语言学年刊》总第二辑(《杭州大学学报》增刊),1984 年。

《自然语言逻辑、传统逻辑、数理逻辑》,《大众逻辑》1984 年第 5 期。

《语言学中的逻辑》(合译),〔瑞典〕J. 奥尔伍德、〔瑞典〕L. 安德森、〔瑞典〕O. 达尔著,河北人民出版社,1984 年。

1985 年

《析句的目的和任务》,《逻辑与语言学习》,1985 年第 2 期。

《说"省略"》,《中国语文》1985 年第 6 期。

《语言学中的易卜生》,《语文导报》1985 年第 1 期。

《描写语言学的宪章》,《语文导报》1985 年第 2 期。

《语素学和语素音位学》,《语文导报》1985 年第 3—4 期。

《直接结构成分与分布》,《语文导报》1985 年第 6 期。

《所谓的乔姆斯基革命》,《语文导报》1985 年第 7 期。

《转换生成语法的标准理论(上)》,《语文导报》1985 年第 11 期。

《现代汉语联合结构的几个问题》,未刊稿。

《静态的语言结构与动态的语言结构》,未刊稿。

1986 年

《转换生成语法的标准理论(中)》,《语文导报》,1986 年第 7 期。

《转换生成语法的标准理伦(下)》,《语文导报》,1986 年第 9 期。

《逻辑学(修订本)》(主编),甘肃人民出版社,1986 年。

1987 年

《论现代汉语动词形容词的名物化》,载浙江省语言学会编《语法修辞探新》,浙江教育出版社,1987 年。

《现代汉语的句法结构、语义结构和语用结构》,《语文导报》,1987 年第 7—8 期。

1988 年

《虚词的逻辑特性》(合著),新疆人民出版社,1988 年。

《英汉逻辑学词汇》(合编),四川人民出版社,1988 年。

1989 年

《第二讲:语形学和形式语言的语形学》,《逻辑与语言学习》,1989 年第 1 期。

《第三讲:自然语言的语形学》,《逻辑与语言学习》,1989 年第 2 期。

《语言逻辑引论》(合著),湖北教育出版社,1989 年。

《逻辑语言学与语言逻辑学》,载中国逻辑与语言研究会编《逻辑与语言新论》,语文出版社,1989 年。

"序",载王继同、黄华新主编《新逻辑学》,浙江大学出版社,1989 年。

1990 年

《我所理解的"语法修辞结合论"》,《修辞学习》,1990 年第 3 期。

《浙江语言学十年(代序)》,载浙江省语言学会编《语言论丛》,杭州大学出版社,1990 年。

1991 年

《"了"字补议》,载中国语文杂志社编《语法研究和探索(五)》,语文出版社,1991 年。

《句法分析的三个平面与深层结构》,《语文研究》1991 年第 4 期。

《论转折句》，载《中国语言学报》编委会编辑《中国语言学报》第四期，商务印书馆，1991年。

《现代汉语语法研究的一些方法论问题（论纲）》，载复旦大学语法修辞研究室编《语法修辞方法论》，复旦大学出版社，1991年。

《自然语言中句子连词的语义分析问题》，载中国逻辑与语言函授大学科研处编《逻辑语言写作论丛（第五辑）》，北京大学出版社，1991年。

1992 年

《语法学辞典》（主编），浙江教育出版社，1992年。

1993 年

《论因果句》，载刘坚、侯精一主编《中国语文研究四十年纪念文集》，北京语言学院出版社，1993年。

"序言"，载陈宗明主编《汉语逻辑概论》，人民出版社，1993年。

1994 年

《动词小句的基本短语结构形式》，《中国语文》，1994年第1期。

《现代汉语复句新解》（合著），华东师范大学出版社，1994年。

《逻辑百科辞典》（合编），四川教育出版社，1994年。

1995 年

《语言的三个平面和句法的三个平面》，载《中国语言学报》编委会编辑《中国语言学报》第七期，语文出版社，1995年。

《论"说"》，《哲学研究》，1995年增刊。

《逻辑与语法》，《杭州师范学院学报》，1995年第1期。

1996 年

《论"说"与"难"》，《湖北大学学报（哲学社会科学版）》，1996年第1期。

"序"，载邵敬敏《现代汉语疑问句探究》，华东师范大学出版社，1996年。

《当代语言学》（主编），未刊稿。

1997 年

《〈新著国语文法〉的语言观和方法论》，载《中国语言学报》编委会编《中国语言学报》第八期，北京语言文化大学出版社，1997 年。

《中国语用学思想》第六章、第七章，载陈宗明主编《中国语用学思想》，浙江教育出版社，1997 年。

《现代汉语语法理论研究》，语文出版社，1997 年。

1998 年

《〈说文解字注〉中的语义学》，《广播电视大学学报（哲学社会科学版）》1998 年第 2 期。

《关于自然语言符号学的一个梯形图解》，《哲学译丛》1998 年增刊《第一届、第二届东亚符号学国际会议论文集》。

《语言逻辑分析：语言学家关注的一切逻辑问题》（合译），[美国] J. D. 麦考莱著，杭州大学出版社，1998 年。

"序"，载徐颂列《现代汉语总括表达式研究》，浙江教育出版社，1998 年。

1999 年

《怀特海文录》（合译），刘明编，浙江文艺出版社，1999 年。

《自然语言逻辑与生成语义学——〈语言逻辑分析〉译后》，载《探索与争鸣》1999 年增刊《符号学和语言逻辑》。

《回忆与怀念》，载《探索与争鸣》1999 年增刊《符号学和语言逻辑》。

"序"，载陈月明《〈马氏文通〉虚字学说》，浙江教育出版社，1999 年。

《第四章：语言学——概述》，载浙江省哲学社会科学志编辑部编《浙江省哲学社会科学志》，浙江人民出版社，1999 年。

2000 年

《学习与研究》，载邵敬敏主编《继承与创新——王维贤、倪宝元教授教学科研 50 年纪念文集》,浙江教育出版社,2000 年。

《现代汉语带"得"的补语句》,载中国语文杂志社编《语法研究和探索
(十)》,商务印书馆,2000 年。

《〈马氏文通〉的句读论》,载江苏省语言学会编《语言研究集刊》(第七辑),
江苏教育出版社,2000 年。

2001 年

《关于语义和语法的几点思考》,载范开泰、齐沪扬主编《面向 21 世纪语言
问题再认识——庆祝张斌先生从教五十周年暨八十华诞》,上海教育出版社,
2001 年。

2002 年

《汉语复句研究》,载林焘主编,刘坚、陆俭明副主编《语言学》,福建教育出
版社,2002 年。

2003 年

《从一句古诗看汉语句法》,《浙江教育学院学报》2003 年第 6 期。

"序",载黄华新、陈宗明主编《符号学导论》,河南人民出版社,2004 年。

2004 年

《关于现代汉语介词的几个问题》,载中国人民大学中文系编《语言研究的
务实与创新——庆祝胡明扬教授八十华诞学术论文集》,外语教学与研究出版
社,2004 年。

《〈中国文法要略〉的表达论》,纪念吕叔湘先生百年诞辰国际学术研讨会
论文(在全体会议上宣读),后收入《王维贤语言学论文集》。

2005 年

《认知、交际与句法》,21 世纪第三届现代汉语语法国际讨论会论文,2005
年,后收入《认知、交际和语法》。

"序",载金立《合作与会话:合作原则及其应用研究》,中国社会科学出版社,2005 年。

2007 年

《王维贤语言学论文集》,商务印书馆,2007 年。

《认知、交际和语法》,中国社会科学出版社,2007 年。

王维贤先生百年诞辰纪念会纪实

　　"中国语文研究中心第八届学术研讨会暨王维贤先生百年诞辰纪念会"于2022年11月11日—13日在浙江杭州华北饭店举行。本次大会由浙江大学中国语文研究中心、浙江大学文学院、浙江大学国家语言文字推广基地、浙江大学古籍研究所、浙江大学语言与认知研究中心、北京大学中文系、暨南大学文学院举办，来自北京大学、复旦大学、浙江大学、武汉大学、北京师范大学、中国传媒大学、暨南大学、北京语言大学、江苏师范大学、湖南师范大学、浙江工业大学、浙江工商大学、浙江师范大学、浙江理工大学、杭州师范大学、温州大学、浙江外国语学院、浙江科技大学等高校，中国社会科学院哲学研究所等研究机构的100余名专家、学者、特邀嘉宾及在杭高校学生参加了会议。

　　12日上午8点30分，大会正式开幕。

　　浙江大学中国语文研究中心主任王云路教授依次介绍并欢迎各位专家学者，对来自全国各地的线下、线上参会者表示衷心感谢，同时转达了浙江大学党委书记任少波教授的亲切问候和对大会的诚挚祝愿。

　　浙江大学文学院院长冯国栋教授致开幕词，对参加本次大会的专家学者表示热烈的欢迎，并借此机会介绍了浙江大学文学院"两尖两体两翼发展，三古三新三足鼎立"的发展战略，阐释了缅怀和纪念百年来开疆拓土、奠基学脉、学派、学风的学者的重要意义，介绍了浙江大学文学院为继承优秀学术传统而进行的编撰《浙大先生学记》、举办"大先生"活动周、纪念"大先生"学术会议等活动的情况。最后，对王维贤先生的学术成就和崇高人格表达了崇高敬意。

　　江苏师范大学教授、江苏师范大学语言科学与艺术学院院长杨亦鸣教授在致辞中对大会的如期举办表示热烈祝贺，对主办方、协办方的辛勤付出表达崇高敬意，概括了浙江大学中国语文研究中心举办的历届学术讨论会的特点和意义，表达了对王维贤先生高尚师德和学术成就的崇敬之情。

　　中国社会科学院哲学所研究员、原中国逻辑学会会长邹崇理先生在致辞中表示，王维贤先生在逻辑学、语言学等一系列课程中言传身教，为中国语言学、逻辑学培养了一批强大的后备军，王维贤先生基于逻辑视角研究语法的全局、高远的研究观，对后来的学者有深刻的影响。邹崇理先生以自己的学术经历为例，回顾了20世纪90年代出版的《逻辑百科词典》中由王维贤先生撰写的语言逻辑词条对自己学术生涯影响。

暨南大学文学院教授邵敬敏先生在致辞中表达了作为王维贤先生的开门弟子兴奋、自豪和感激、缅怀之情。他深情地回顾了在原杭州大学在王维贤先生等各位大师指导下的求学经历，认为举办王维贤先生百年诞辰纪念活动，对于学习先生的崇高品德、回顾先生的学术贡献、传承先生的学术思想，慎终追远、缅怀恩情、激励后学、薪火相传，有着重要而深远的意义。

开幕式后，大会分为"中国语文研究中心第八届学术研讨会"专场和"王维贤先生百年诞辰纪念"专场两个专场继续进行，下面是"王维贤先生百年诞辰纪念"专场纪实。

（一）

上午9:40—12:00，王维贤先生百年诞辰纪念会（一）在杭州华北饭店北山厅举行，浙江大学教授、浙江大学亚洲文明研究院执行院长黄华新和浙江大学文学院教授彭利贞主持了该场报告。

首先由黄华新教授致词。黄华新教授对大会筹备组的辛勤付出和与会校友的大力支持表示诚挚的谢意，同时对王维贤先生的后人丰华文、王英、丰睿的到来表示最热烈的感谢和欢迎。

随后，10位学者、嘉宾就语言学、逻辑学、语言逻辑及王维贤先生的学术思想和学术贡献等议题作了学术报告。

暨南大学文学院邵敬敏教授作了题目为《"差一点儿没VP"歧义句式新解》的学术报告。邵敬敏教授从朱德熙先生的既有结论入手，即"差一点儿没VP"，"当VP是企望的，该结构表示肯定意义，当VP是不企望的，则表示否定意义"，在肯定了朱先生结论重要影响的同时，指出对该现象背后的原因有予以探索的必要。邵敬敏教授认为，这可能是语言交际过程中出现的不同句式选择和博弈所导致的,具体体现在语言交际中回答者语速过快导致停顿消失,因此两个小句杂糅成为一个句子,例如"你受伤了吗?""差点,没受伤。"回答言语中的"没受伤"相对于"差点"是追补确认的关系,二者是对同一问题的不同角度的问题回答,因此存在语速过快导致句子杂糅的可能。邵敬敏教授通过例示指出,这种现象比比皆是。但是为什么表示企望的 VP 没有出现这种杂糅情况?邵敬敏教授的解释是,这种情况下答句中的两个分句之间存在语义矛盾,例如"你说了吗?""差一点儿(表达的是没说),说了"。为了进一步实证自己的推测,邵老师通过检索 CCL 和 BCC 语料库,发现"差一点儿没"在现代汉语中的确存在两种标点形式,分别是"差一点儿"和"没 VP"中间有标点,以及中间连贯、句末标点的形式,将后一现象称为"前后两句合一式"。

浙江大学黄华新教授以《我心中的大先生——谈谈王维贤先生的为人和治学》为题,回忆了与王维贤先生有关的三件事:第一次和王维贤先生打招呼时,先生笑容洋溢,让年轻人如沐阳光;虽已过去四十年,历历在目,记忆犹新。在申报语言学及应用语言学博士点和申报博士生导师时,得到了王维贤先生的大力支持、鼓励和帮助,这坚定了他深耕于语言逻辑交叉领域的信念。王维贤先生为自己的四本著作写序,序中有真情的鼓励,有委婉的意见,有热诚的期许。黄老师朗读了序文中的一段,以勉励在场的青年学者。黄华新教授认为王维贤先生"学识渊博,学问精深"。他特别提到王维贤先生在翻译海外英文语言逻辑学巨著的贡献,认为这推动了中国的语言学和逻辑学理论与世界接轨。黄华新教授最后深情地指出,王维贤先生是逻辑语言领域的引领者和推动者,是浙江大学教师的优秀代表,是优秀党员代表,是自己心中真正的大先生。

中国社会科学院哲学所研究员、中国逻辑学会会长杜国平教授以翔实的史实追忆了王维贤先生在逻辑学特别是语言逻辑方面的学术成就和贡献。杜国平教授从三个方面介绍了王维贤先生的贡献,第一,对逻辑学普及和研究的贡献。王维贤先生自 20 世纪 50 年代进入高校工作,开始展开逻辑学的教学,将逻辑学理论研究和汉语语言分析有机结合,开拓了语言研究新逻辑;第二,对学科建设与发展的贡献。王维贤先生培养了一批优秀的逻辑学者,他带领的逻辑学团队国内一流,在论辩逻辑等领域不断取得突破;第三,对中国逻辑学、逻辑学会的贡献。王维贤先生作为中国逻辑学会的创会理事,心系学会发展,连续三届担任中国逻辑学会理事,1988 年退休后仍坚持担任中国逻辑学会顾问,对中国逻辑学的发展厥功至伟,同时推动了中国符号学研究会的发展,这些都是王维贤先生留下的宝贵遗产。

北京大学袁毓林教授的报告题目是《回忆王维贤先生教导我们怎样取法乎上》。袁毓林教授追忆了王维贤和朱德熙两位先生对自己求学道路上的影响,指出王维贤先生重视理论体系的培养,对自然语言的逻辑分析和语言学理论有独到见解,掌握结构主义描写理论,亲自讲授"现代语言学""汉语语法专著选读"等课程,并列出详细的书单供学生品读,注重"言教"。朱德熙先生则倾向于从有趣的语言现象入手,注重"身教"。最后,袁毓林教授分享了王维贤先生在他们临近毕业时的叮嘱:"治学的境界是登堂入室,现在你们在语言学研究方面,可以说是登堂了;但是,要入室就有待于你们将来更进一步的努力了。"

北京语言大学的施春宏教授作了题为《构式网络的运作:在互动中互塑》的学术报告。施春宏教授从构式语法的基本原理入手,介绍了构式语法的"形式和意义的互动匹配性""基于使用的经验适应性"等构式特征,之后对构式网络运作的基本机制进行了探讨,包括多重互动机制、构式压制、反馈机制、在互动互塑中的动态适应等,最后阐述了构式网络的"互动互塑观"的普遍性意义。

复旦大学陈振宇教授在题为《从集合论看衍推和预设》的学术报告中,从"衍推"和"预设"的定义入手,揭示了现有领域的预设悖论,指出其中的根本问题在于我们使用的二值逻辑体系存在弊端,即无法反映"简单蕴涵"这一最基础的通指关系。陈振宇教授指出,对于现实发生的语句,应该首先转换成简单蕴涵关系,而之后向预设方向还是衍推方向发展则由语境决定。但是由于受到语用影响,我们往往默认是衍推关系,这与"衍推"所在论域的"无限大"特征和不同选择的不同结果有关。

北京大学周韧教授带来的作了题为《与副词"也"用法相关的两种语用逻辑》学术报告。周韧教授认为,"也"在表达"类同"之外,还表达"低概率"意义。周韧教授指出,"没人看着也认真干""不该来的也来了"相对于前句是"低概率"事件。周韧教授讨论"也"的假设关系用法时,引入语用逻辑概念,证明这种现象并非"低概率"的反例,而是一种双向蕴涵。周韧教授进一步提出"否定－消极关联"原则,揭示了说话人的消极情绪对事件发生概率的高低的影响。

浙江科技大学胡云晚教授的报告题目是《同义量词"辆""部""台"的共时混用与历时演变》。她指出,"辆""部"和"台"计量车时,具有明显的地域分布特征;"辆"广泛分布于官话区,"部"集中于南方方言区,"台"多见于台湾和东北地区。在组配对象上,"辆"的组配对象凸显车辆的运送功能,"部""台"还强调专用功能。

浙江外国语学院马宏程教授报告的题目是《新时代国际中文教师核心素养及其培养模式和评价研究》。马宏程教授分析了国际中文教师核心素养的界定标准中的局限,论证了强化对教师的跨文化交际素养培养的必要性,提出了核心素质的培养模式和评价体系。

本场报告会最后,王维贤先生之孙、浙江大学环境与资源学院博士后丰睿博士作了发言。丰睿博士感谢主办、协办单位举行他爷爷的百年诞辰纪念,介绍了爷爷王维贤先生的求学治学经历,追忆了爷爷在生活中随和、简朴、可亲可爱,永葆好奇,与时俱进、开放而不保守的风范。他尤其佩服年迈的爷爷自学掌握使用计算机,并且用得娴熟。丰睿和爷爷没有代沟,将他视为自己的良师益友。丰睿回忆,七八岁时爷爷就鼓励自己长大后从事科研工作,所以他辞去了待遇优厚的公司工作,考入了浙江大学。在通过清华大学和浙江大学博士后申请时,他也毅然选择了浙江大学,因为这是自己爷爷奶奶工作、生活的地方。丰睿的发言情真意切,赢得了全场热烈的掌声。

(二)

下午 14:00－16:00,王维贤先生百年诞辰纪念会(二)举行,浙江外国语学院徐颂列教授、浙江科技大学税昌锡教授主持了会议。来自逻辑学、语言逻辑、汉语语法学、对外汉语教学等领域的 9 位学者报告了论文或发表了感言。

暨南大学周娟教授学术报告的题目是《汉语话语视角范畴及视角标记研究思考与展望》。周娟教授介绍了"视角"概念的三种不同取向,阐释了视角研究的两种不同倾向,并从理论探讨和个案研究、同一层次范畴的视角标记三个角度着力,尝试建立视角要素与话语视角表达框架。

暨南大学赵春利教授作了题为《王维贤先生语法思想的逻辑结构》的学术报告。赵春利教授从认识论、本体论、目的论、方法论四个方面总结了王维贤先生思想的逻辑架构,并对每一个理论系统进行了细致解读,让我们对先生语法理论中的层次关系和体系关系有了进一步理解,加深了王维贤先生关于"词义"和"概念"之区别的认识,并对王维贤先生在肯定和否定的正反辩证、动态和静态的发展辩证、语言与逻辑的交叉关系等方法论上有了新的认识。

浙江大学金立教授作了题为《怀念王维贤先生:致那份谦逊、微笑与宽厚》的发言。金立教授介绍了王维贤先生为她的著作《合作与会话:合作原则及其应用研究》和《汉语句子的逻辑分析》撰写的序言,展示了自己在著作后记中对王维贤先生的追忆,表达了深切的缅怀。

浙江科技大学税昌锡教授作了题为《动词后时量成分的句法多功能性》的学术报告。税昌锡教授发现,受动词语义类型的影响,时量成分可以是体词性的,句法上充当宾语;也可以是谓词性的,句法上做谓语或补语。时量成分的谓语或补语地位受到动词"起始""终结"或"持续"过程特征的制约,并受到认知和语境因素的影响。时量成分句法功能不同,其语法表现也存在差异。

浙江传媒学院贾改琴副教授作了题为《王维贤先生与语言逻辑》的学术报告。贾老师回顾了王维贤先生在语言逻辑领域的贡献,列举了王维贤先生的重要成果,包括"重要论著""重要观点"。贾老师还代陈宗明先生宣读了发言稿《纪念王维贤先生诞辰 100 周年》。陈宗明先生深情地回忆了他与王维贤先生的学术交往和深厚情谊。

浙江工业大学人文学院李新良副教授作了题为《汉语动词的涵义性及其与叙实性的异同》的学术报告。他讨论了动词的叙实性与非叙实性概念,分析了动词的涵义性,在此基础上,探讨了叙实动词和涵义动词的区分,揭示了二者在否定、宾语小句的时体、对宾语小句真值的约束力等方面的差异。

浙江理工大学黄自然副教授学术报告题目为《从分类、列举到凸显、传情——"……有两/三种……,X,Y,(Z)"构式研究》。他讨论了相关构式在语义和形式上的新用法,对典型例句进行了深入的分析,并从语义认知变异的角度作了理论阐释。

浙江科技大学熊雯老师的作了题为《语料库视角下句子否定成分的焦点关联研究》的学术报告,揭示句法分布对句子焦点与否定成分的关联的影响。

浙江工商大学国际教育学院的贾成南老师所做学术报告的题目是《多义情态动词"能"的历时演变》,论文基于历时的细致梳理,探讨了"能"的情态义的来源,揭示了该情态动词的各种情态出现的时代,重点梳理了"能"的情态语义演变过程。

（三）

下午 16:20—18:20,王维贤先生百年诞辰纪念会(三)举行,主题是"王维贤先生的学术思想",由浙江开放大学章一鸣教授、杭州师范大学曹庆霖教授主持。

本场会议伊始,彭利贞教授代为宣读了齐沪扬教授的发言稿。齐沪扬教授追忆了王维贤先生和林裕文的学术情谊,重点探讨了为王维贤先生等具有重要学术贡献、德高望重的学者刻画"学术谱系"的重要意义。

之后,王维贤先生的弟子追忆了跟随先生求学的时光。

内蒙古开放大学姚鹏慈教授感叹和王维贤先生读书改变了自己的命运。

杭州师范大学曹庆霖教授畅谈了作为先生弟子的荣幸与幸运,追忆了报考王维贤先生研究生时的过程和趣事。

温州大学教授、浙江省政务新媒体研究院院长王建华教授介绍了 1981 级同门学子各自的发展现状,从四个方面表达了自己对王维贤先生的敬意,包括王维贤先生研究的国际视野,严谨的治学态度,静心育人、诲人不倦的精神,富于温情的对学生的关心和爱护。

浙江外国语学院徐颂列教授分享了认识王维贤先生的过程,回忆了在王维贤先生的指导下翻译著作的经历:王维贤先生对翻译文本逐字校对,让她感动万分。先生为人朴实正直,对学生的教导,润物细无声。

宁波大学陈月明教授对王维贤先生的两句教导记忆犹新,第一句是"我们要做的一手要伸向国外,一手要伸向古代",第二句是"做学问研究问题不能停留在材料和现象上面,而是要向上提高一个层次,要放在更大的环境看待这些材料"，让现场的青年学者受益良多。最后，陈老师用"两袖清风，守正脱俗"八个字评价了先生的风骨。

浙江大学池昌海教授用八个字评价先生对学生的教导，"望之俨然，即之也温"。他认为王维贤先生是谦谦君子的典范，胸怀宽广，对交叉学科的发展非常关注，也十分关照年轻人的学术道路。

杭州师范大学教授、杭州师范大学人文学院语言学学科负责人徐越教授感叹，当年在王维贤先生的带领下，大家拧成了一股绳，团结一致做学问。之后回念起在硕士论文答辩时先生给出的中肯建议，即从横向专题的方式来做方言研究，这令她豁然开朗。

华侨大学教授、华侨大学华文学院院长胡培安教授分享了在王维贤先生指导下求学的一些趣事，笑谈自己当时在课上课下的小小"偷懒"，强调正是先生的宽厚和引领使自己对教书育人永怀热爱之心。

浙江大学彭利贞教授用两对成语表达了对王维贤先生深深的感恩和怀念。"恩同再造，舐犊情深"。彭利贞教授回忆道，在《语文导报》中读到过王维贤先生的论文，向王维贤先生写信咨询报考研究生的可能性，没想到竟能收到先生的回信。是先生的仁德和鼓励使他走上了语言学研究的学术道路，改变了一生的命运；而作为关门弟子，彭老师更多地感受到的是王维贤先生如待家人般的亲情。"春风化雨，润物无声"。彭老师认为，先生对自己影响深远，每每看以前自己写的文章，便能看到王维贤先生的影子；现在自己指导学生，与学生相处时，也常常能想到先生对自己的教导和关照，并努力以先生为榜样，不负先生恩情。

浙江开放大学章一鸣教授回忆了与王维贤先生书信往来的过程，追思在病房中看望王维贤先生的情景，句句真切情深。

最后，王维贤先生的大弟子邵敬敏教授以文章《点点滴滴忆恩师，淅淅沥沥沐甘露》缅怀了恩师的栽培之恩。邵教授重温了从报考先生的研究生，到撰写成名作《汉语语法学史稿》受到先生的鼓励，再到1992年和先生一同在中国语言学会年会登台演讲等经历细节，表达了对王维贤先生的深切感恩和怀念。

下午18点20分，王维贤先生百年诞辰纪念会圆满闭幕。三场学术报告和自由发言,来自全国各地的学者、嘉宾,线上线下,或报告最新研究成果,或抒发感恩传承的深厚情怀:有继承王维贤先生学术思想的研究汇报,有重温先生学术成果的总结陈述,有阐发先生治学理念的启迪感悟,有追忆往事、缅怀师恩的抒情讲演,还有先生家人的温情致辞。

薪火相传,文脉长存。100 年前的 11 月 22 日,王维贤先生诞生;100 年后的今天,后辈学人济济一堂,继承、发扬王维贤先生的学术思想和治学精神,缅怀恩师仁德风范。王维贤先生的学术思想和精神遗产奠定了浙江大学语言学、逻辑学脚踏实地、有容乃大、精进创新的文脉学风的基础,树立了仁爱高尚、笃实严谨的"大先生"典范,高山景行,泽被后学。春风化雨,润物无声,王维贤先生的学术成就和道德文章,必将激励更多学子继续发扬先生的为人治学之道,为科研和教育事业奋发有为、贡献力量。

文稿:许钊　　改定:彭利贞

王维贤先生百年诞辰纪念会与会代表名单

　　本名单是参加浙江大学中国语文研究中心第八届学术研讨会暨王维贤先生百年诞辰纪念会与会代表名单,会议地点:杭州华北饭店(杭州市西湖区栖霞岭 18 号)。

　　(按音序排列,带 * 者为王维贤先生的研究生)

　　曹庆霖 *(杭州师范大学)

　　陈玉洁(浙江大学)

　　陈月明 *(宁波大学)

　　陈振宇(复旦大学)

　　陈宗明(浙江省委党校)

　　程工(浙江大学)

　　池昌海 *(浙江大学)

　　崔希亮(北京语言大学)

　　杜国平(中国社会科学院大学、中国社会科学院哲学研究所)

　　方林刚 *(重庆师范大学)

　　方一新(浙江大学)

　　丰华文(杭州电子科技大学)

　　丰睿(浙江大学)

　　冯国栋(浙江大学)

　　关长龙(浙江大学)

　　郭龙生(教育部语言文字应用研究所)

　　郭熙(暨南大学)

　　胡培安 *(华侨大学)

　　胡云晚(浙江科技大学)

胡志富（浙江大学）

华学诚（北京语言大学）

黄华新（浙江大学）

黄自然（浙江理工大学）

贾成南（浙江工商大学）

贾改琴（浙江传媒学院）

贾海生（浙江大学）

金立（浙江大学）

李新良（浙江工业大学）

李运富（郑州大学）

李贞亮（浙江大学）

刘祥柏（中国社会科学院语言研究所）

刘晓冬（浙江大学）

刘亚男（暨南大学）

刘钊（复旦大学）

卢鹭（浙江大学）

罗天华（浙江大学）

马宏程（浙江外国语学院）

彭利贞 *（浙江大学）

彭泽润（湖南师范大学）

齐沪扬（杭州师范大学）

屈美辰（浙江大学）

任芝锳 *（华东师范大学）

邵敬敏 *（暨南大学）

施春宏（北京语言大学）

史光辉（杭州师范大学）

税昌锡（浙江科技大学）

王诚（浙江大学）

王贵元（中国人民大学）

王建华*（浙江科技大学、温州大学）

王英（杭州市政协）

王云路（浙江大学）

邢欣（中国传媒大学）

熊雯（浙江科技大学）

修俊俊（浙江大学）

徐颂列*（浙江外国语学院）

徐越*（杭州师范大学）

许钊（浙江大学）

杨亦鸣（江苏师范大学）

姚鹏慈*（内蒙古开放大学）

袁毓林*（澳门大学、北京大学）

张先亮（浙江师范大学）

张宗正*（山东大学威海分校）

章一鸣*（浙江开放大学）

赵春利（暨南大学）

赵世举（武汉大学）

周荐（北京师范大学）

周娟（暨南大学）

周韧（北京大学）

庄初升（浙江大学）

邹崇理（中国社会科学院、中国逻辑学会）

浙江大学中国语文研究中心第八届学术研讨会暨王维贤先生百年诞辰纪念会合影

后 记

　　1922 年 11 月 22 日,王维贤先生诞生;100 年后的 2022 年 11 月 11 日至 13 日,在浙江杭州华北饭店,后辈学人济济一堂,纪念王维贤先生百年诞辰。收录于本书的,是这次"王维贤先生百年诞辰纪念会"上与会代表的学术论文和纪念文章。

　　先生之风,山高水长,薪火相传,文脉长存。王维贤先生的学术思想和精神遗产奠定了浙江大学语言学、逻辑学脚踏实地、有容乃大、精进创新的文脉学风的基础,树立了仁爱高尚、笃实严谨的"大先生"典范,高山景行,泽被后学。春风化雨,润物无声,王维贤先生的学术成就和道德文章,必将激励更多学子继续发扬先生的为人治学之道,为科研和教育事业奋发有为、贡献力量。

　　文集收录 15 篇学术论文和 14 篇纪念文章,主要包括"浙江大学中国语文研究中心第八届学术研讨会暨王维贤先生百年诞辰纪念会"三个"纪念专场"中的学术报告和自由发言。

　　感谢来自全国各地的学者、嘉宾,克服当时的各种困难出席会议。与会学者、嘉宾,线上线下,或报告最新研究成果,或抒发感恩传承的深厚情怀:有继承王维贤先生学术思想的研究汇报,有重温先生学术成果的总结陈述,有阐发先生治学理念的启迪感悟,有追忆往事、缅怀师恩的抒情讲演,有先生家人的温情致辞。

　　感谢各位与会者百忙之中改定文稿。

　　王维贤先生百年诞辰纪念会的成功举办、文集的出版,要感谢举办单位浙江大学中国语文中心、浙江大学文学院、浙江大学古籍研究所、浙江大学国家语言文字推广基地、北京大学中文系、暨南大学文学院对这次纪念会的支持,感谢邵敬敏教授、黄华新教授、王云路教授、冯国栋教授、方一新教授和袁毓林教授对纪念会的成功举办的关心、支持和帮助,感谢王维贤先生的后人丰华文、王英、丰睿出席纪念会。

特别要感谢邵敬敏教授和黄华新教授。邵敬敏教授为纪念会的举办及其后的文集出版出谋划策、费心费力,从总体筹划到细节落实,倾注了大量的心血和精力,并与袁毓林教授一起为文集写了序言。黄华新教授一直关心纪念活动筹办和文集出版的进展,为会议的成功召开和文集的出版提供了关键的支持。

感谢浙江大学出版社宋旭华主任和编辑李瑞雪老师的高效工作,感谢他们为文集编辑出版付出的努力和辛劳。